¡JAPONÉS Desde Cero! 1

1ra Edición

Escrito por
George Trombley
Yukari Takenaka

Traducido y Adaptado por
Adán Pardo Zurita

George Trombley ha trabajado como intérprete profesional por más de 20 años especializándose en interpretación simultánea de negocios, técnica, médica, y en la industria del entretenimiento. En 1998, George Trombley y Yukari Takenaka crearon las clases de Japonés de YesJapan en vivo en Las Vegas, Nevada, y desarrollaron sus clases en la serie de libros *Japanese From Zero* (Japonés desde cero) y el sitio web Yesjapan.com con clases interactivas de educación Japonesa.

Distribuido mundialmente por YesJapan Corporation, 10624 S. Eastern Ave. #A769, Henderson, NV 89052

ISBN-10: 0976998122
ISBN-13: 978-097699812

1ra Edición inglés, 2006

Ediciones en español
1ra Edición, 2013

YesJapan.com

¡Japonés Desde Cero! Libro 1

– CONTENIDOS –

¡Japonés
desde Cero!

¡Bienvenido!
Como funciona este libro

 Introducción

❑ Bienvenidos a ¡JAPONÉS DESDE CERO!

APRENDER JAPONÉS puede ser intimidante al principio, ¡pero no te preocupes! Nuestro método está diseñado para guiarte paso-por-paso a través de las bases de la Gramática Japonesa.

Aunque estés aprendiendo japonés para negocios, viajes o para hacer nuevos amigos, hemos creado estas lecciones para hacerte sentir con confianza en tu habilidad para HABLAR, LEER, y ESCRIBIR lo que has aprendido.

❑ Caracteres japoneses

¿QUE SON ESTAS LETRAS EXTRAÑAS? El lenguaje japonés usa un grupo de símbolos llamados *hiragana* (para deletrear palabras Japonesas), *katakana* (para deletrear palabras extranjeras), y *kanji* (para representar palabras enteras o nombres). Durante el transcurso del LIBRO 1, te enseñaremos los grupos de hiragana pieza-por-pieza y gradualmente mejoraremos tu entendimiento y familiaridad a ellos.

Nuestras lecciones empiezan con el ro-maji (palabras Japonesas escritas con letras Romanas), pero mientras cada lección progresa, substituiremos continuamente el hiragana que has aprendido. Al terminar este libro, no solo podrás hablar Japonés, ¡sino podrás leerlo y escribirlo también!

❑ La puntuación en el japonés

AQUI TE DAREMOS información acerca del idioma que te ayudara a empezar a escribirlo.

<u>MAYUSCULAS/MINUSCULAS</u>

En el español, normalmente aprendemos a escribir la A y la a, pero en Japonés, あ siempre es あ y no importa en qué parte del enunciado la encuentres. No hay mayúsculas o minúsculas en el Japonés.

SIGNOS DE INTERROGACION

El Japonés escrito (normalmente) no utiliza los signos de interrogación (¿?). A cambio de esto el hiragana か (ka) se coloca al final del enunciado para indicar la pregunta.

Ejemplos

Nan desu ka. = ¿Qué es?

Ambas son preguntas, pero en Japonés, con escribir *ka* tienes el mismo resultado (Mas acerca de esto en la Lección 1.)

PUNTOS (o "el circulo ese que sale de vez en cuando").

Ejemplos

Kore wa hon desu. → Al convertirlo al hiragana se convierte en → これは ほんです。

Este es el punto 。 que hace exactamente lo mismo que un punto en español para terminar a un enunciado.

❏ Acerca de las pre-lecciones

Antes de que este libro nos introduzca a los conceptos de gramática en la lección 1, habrá 4 pre- lecciones. Las pre-lecciones están diseñadas para darte algunas de las herramientas necesarias para empezar a interactuar con gente Japonesa. Aprenderás acerca de pronunciación, contadores básicos, frases de conversación iniciales, y otros conceptos básicos.

Cuando termines las pre-lecciones, aprenderás muchos conceptos de gramática Japonesa clave y como leer y escribir hiragana.

❏ Acerca de los autores

El autor George Trombley es Intérprete Profesional de Japonés que durante los últimos 16 años ha interpretado en corporaciones como Microsoft, IBM, NTT DoCoMo, Lucent Technologies, y en países alrededor de Norte América, Europa, Asia y el Medio Este.

George Trombley y su esposa Yukari Takenaka formaron la escuela de idiomas YesJapan en 1998 en Las Vegas, NV. Desde entonces, los cursos de clases en vivo han formado las bases para la serie de libros ¡Japonés desde Cero! y el sitio interactivo de aprendizaje de idiomas de YesJapan.com.

❏ Acerca del co-autor.

Adán Pardo Zurita es Ingeniero de Computación egresado de la Universidad Autónoma de Baja California, México con más de 10 años de experiencia en el Idioma Japonés. Después de conocer a George Trombley a través de su sitio YesJapan.com, su nivel de japonés llegó a nuevas alturas. Actualmente está certificado en el *Examen de Aptitud del Idioma Japonés* Nivel 1 y Kanji Nouryoku Kentei 3 kyu. Ha trabajado y estudiado en Japón como programador de web, intérprete, maestro de japonés, y servicio técnico en redes a clientes japoneses a nivel empresarial.

❏ ¡ESCRIBE EN EL LIBRO!

Este libro es tu herramienta para ¡aprender en una manera que en realidad funciona! El aprender Japonés es trabajo duro, así que queremos que tus conocimientos duren para siempre. ¡*Japonés desde Cero*! fue diseñado para ser un libro interactivo con el que puedes tomar notas personales, agregar nuevas palabras o frases hechas por ti, y desarrollar tus habilidades de escritura desde nivel "principiante"(¡todos empezamos ahí!) hasta un nivel de experto.

Cada vez que escribes en este libro, estás haciendo tu conexión con el Japonés más y más fuerte de poco a poco - ¡te lo garantizamos!

Ganbatte kudasai!

George Trombley
Yukari Takenaka

Guía de Pronunciación y Los Fundamentos
Entendiendo la fonética del japonés

Pre-Lección
A
Nivel ①

A ¿Por qué aprender Hiragana?

Es importante saber que tan fuerte será tu japonés si sabes leerlo y escribirlo. El aprender y escribir el japonés le dará a tu cerebro una increíble ventaja a tu habilidad de comprensión. De inmediato te darás cuenta como el hiragana te ayudara a pronunciar correctamente el japonés.

Te dará gusto saber que el pronunciar el japonés es increíblemente fácil para los hispanohablantes (con unas cuantas excepciones). El pronunciar las vocales es igual, A E I O U. La combinación de letras "TO" se pronuncia como se lee, TO. De todas formas, este libro te enseñara la manera correcta de pronunciar y escribir el Hiragana Japonés.

Antes de que empieces a aprender hiragana y katakana, necesitaras saber cómo se representa el Japonés en el alfabeto romano. Esta lección te enseñara rápidamente a pronunciar el japonés.
¡Empecemos!

A Los sistemas de escritura japonesa

Hay tres sistemas de escritura en el japonés:
- hiragana (pronunciado "ji-ra-ga-na")
- katakana (pronunciado "ka-ta-ka-na")
- kanji (pronunciado "kan-yi" pero estresando más la y)

Los kanji son caracteres chinos, y cada uno tiene un significado específico. Muchos kanji tienen múltiples significados y pueden ser leídos de diferentes maneras. El Hiragana y katakana son caracteres fonéticos derivados de los complicados kanji. Representan sonidos y no tienen significado por sí mismos.

Los tres sistemas de escritura se utilizan juntos para escribir en Japonés. El hiragana y el kanji son usados juntos para formar palabras Japonesas. El katakana es utilizado más para representar palabras de origen extranjero o cualquier palabra que no es originalmente japonés. En la vida cotidiana la combinación de estos tres sistemas, más las letras romanas conocidas como "ro-ma-ji", son utilizadas en todo tipo de lugares.

Pronunciación del japonés

Es muy fácil para que los hispanohablantes suenen bien en japonés. El español nos da la ventaja sobre el inglés de leer las cosas como se ven. El sistema japonés contiene alrededor de unos cien sonidos que ocupas para hablar.

Por esta misma razón, es muy fácil para que los hispanohablantes aprendan la pronunciación de japonés, o al igual para los japoneses que aprendan la pronunciación del español. Con unas cuantas excepciones, los sonidos en japonés se basan en las siguientes cinco vocales:

❑ **Vocales normales**
  Estos sonidos son cortos y simples, sin necesidad de alargarse.

Letra Romana	Suena Como	Ejemplo
A	**a** de p**a**pa	**a**kai (rojo)
I	**i** de **i**dioma	**i**nochi (vida)
U	**u** de **u**va	**u**ma (caballo)
E	**e** de **e**ste	**e**bi (camarón)
O	**o** de **o**so	**o**toko (hombre)

Ahora veamos unos cuantos de los sonidos que se utilizan en el idioma Japonés. La pronunciación será igual que en la tabla de arriba.

ka, ki, ku, ke, ko	sa, **shi**, su, se, so	pa, pi, pu, pe, po
ga, **gi**, gu, **ge**, go	na, ni, nu, ne, no	ba, bi, bu, be, bo

Los siguientes sonidos fonéticos son basados en el sonido "normal de la vocal".

Letra Romana	Suena Como	Ejemplo
Ka	ka	**ka** (mosquito)
Shi	shi (**shhhi** y no chi)	**shi**ru (saber)
Tsu	cá**tsu**p	**tsu**ru (grulla)
Ne	**ne**rvio	**ne**ko (gato)
Po	**po**co	tan**popo** (diente de león)
Gi	**gui**tarra	**gi**nkou (banco)
Ge	**gue**rra	ka**ge** (sombra)

❏ Vocales dobles

En el japonés es común alargar los sonidos. Por ejemplo, en algunas palabras verás un sonido como KA seguido de otra A, o un sonido NE seguido de la letra E, etc., Esto se hace para alargar a la vocal.

Algunos libros representan el sonido alargado con una línea arriba de la vocal a alargar. Este método puede ayudarte verbalmente, pero no te ayudara cuando leas y escribas el japonés. En ¡*Japonés desde Cero!* se le agregan A,I,U,E,O a los sonidos a alargar al igual que se le agregaría hiragana a las palabras a alargar en el japonés. Observa la siguiente tabla de posibles combinaciones de vocales.

Letra Romana	Suena Como	Ejemplo
aa, a–	**a** de p**a**pa	ok**aa**san (madre)
ii, i–	**i** de **i**dioma	oj**ii**san (abuelo)
uu, u–	**u** de **u**va	zu**tsuu** (dolor de cabeza)
ei, ee, e–	**e** de **e**ste	on**ee**san (hermana mayor)
ou, oo, o–	**o** de **o**so	m**ou**fu (cobija/cobertor)

Las palabras escritas en katakana utilizan "–"como el "alargador" en vez de repetir la vocal. Aprenderás más acerca del katakana en ¡*Japonés desde Cero!* libro 2.

Palabras de ejemplo

kyouts<u>uu</u>	común	ot<u>ou</u>san	padre
sat<u>ou</u>	azúcar	ob<u>aa</u>san	abuela
he<u>i</u>wa	paz	sens<u>ou</u>	guerra
yasash<u>ii</u>	amable	isogash<u>ii</u>	ocupado

❏ Sonidos largos vs cortos

El significado de una palabra japonesa puede ser cambiado con solo alargar una sílaba.

Ejemplos	ie	casa
	<u>ii</u>e	no
	obasan	tía
	ob<u>aa</u>san	abuela
	ojisan	tío
	oj<u>ii</u>san	abuelo

❑ Consonantes dobles

Algunas palabras japonesas utilizan sonidos con consonantes dobles. Las consonantes dobles como ´kk´, ´pp´, ´tt´, y ´cch´deben ser estresadas más que una consonante sola para mostrar el significado correcto de una palabra.

Ejemplos		
roku	número seis	
ro<u>kk</u>u	rock (música)	
uta	una canción	
u<u>tt</u>a	vendido (verbo en pasado)	
mata	otra vez	
ma<u>tt</u>a	esperé (verbo en pasado)	

Formas Básicas de Contar
0 a 9999

B   Acerca De Esta Lección このレッスンについて

❑ Los fundamentos

¡Contar en japonés es fácil! Lo único que debes recordar es la siguiente lista de números, unas cuantas reglas y estarás listo.

Las unidades – 0-10		
rei, maru, zero ☆	れい、まる、ゼロ	0
Ichi	いち	1
Ni	に	2
San	さん	3
shi, yon ☆	し、よん	4
Go	ご	5
Roku	ろく	6
shichi, nana ☆	しち、なな	7
Hachi	はち	8
ku, kyuu ☆	く、きゅう	9
Juu	じゅう	10

B   Clip Cultural: ¿Por Qué Dos Versiones?

Los números con una ☆ tienen más de una versión. En ocasiones se tiene que utilizar una versión en vez de otra, pero en otras ocasiones simplemente se utilizan por gusto personal.

También hay diferentes razones culturales por cada versión. El número cuatro se dice *yon*, o *shi*. *Shi* también significa muerte. El número nueve en japonés es *kyuu* o *ku*. *Ku* también significa sufrimiento.

Por eso, el número cuatro y nueve son considerados números de mala suerte en Japón. Muchos edificios en Japón no tienen departamentos enumerados con el número cuatro o nueve. Las diferentes versiones se utilizan mucho en japonés, así que apréndetelas bien.

B   Unidades Para Contar

❑ Del 11 al 19

Para formar los números del 11 al 19, empezamos con juu (10) y colocamos el número adicional directamente después de él. Es igual que contar con los números romanos.

Del 11 al 19		
juu ichi	じゅういち	11
juu ni	じゅうに	12
juu san	じゅうさん	13
juu yon, juu shi ☆	じゅうよん、じゅうし	14
juu go	じゅうご	15
juu roku	じゅうろく	16
juu nana, juu shichi ☆	じゅうなな、じゅうしち	17
juu hachi	じゅうはち	18
juu kyuu, juu ku ☆	じゅうきゅう、じゅうく	19

❑ Las decenas

Las decenas son formadas combinando las unidades con el numero *juu*. Por ejemplo, 20 es dos diez (*ni juu*), y 50 es cinco diez (*go juu*). El concepto es sencillo.

las decenas – 10-90			
juu		じゅう	10
ni juu		にじゅう	20
san juu		さんじゅう	30
yon juu	nunca "shi juu"	よんじゅう	40
go juu		ごじゅう	50
roku juu		ろくじゅう	60
nana juu	nunca "shichi juu"	ななじゅう	70
hachi juu		はちじゅう	80
kyuu juu	nunca "ku juu"	きゅうじゅう	90

❑ Combinando las unidades y las decenas

Para decir un número como el 31, solo pega los números 30 y 1.

Ejemplos

31 es san *juu* (tres diez)   +   ichi (uno)   =   *san juu ichi*

52 es *go juu* (cinco diez)   +   *ni* (dos)   =   *go juu ni*

87 es *hachi juu* (ocho diez)   +   *nana* (siete)   =   *hachi juu nana*

ni juu ichi	にじゅういち	21
ni juu ni	にじゅうに	22
ni juu san	にじゅうさん	23
ni juu yon / shi	にじゅうよん / し	24
ni juu go	にじゅうご	25
ni juu roku	にじゅうろく	26
ni juu nana / shichi	にじゅうなな / しち	27
ni juu hachi	にじゅうはち	28
ni juu ku / kyuu	にじゅうく / きゅう	29

❏ Los cien y los mil

Con *hyaku* (cien) y *sen* (mil) el patrón es básicamente el mismo, pero hay un poco de variaciones. Las variaciones se marcan con ☆.

Los centenas – 100-900			
hyaku		ひゃく	100
ni hyaku		にひゃく	200
san byaku ☆	nunca "san hyaku"	さんびゃく	300
yon hyaku	nunca "shi hyaku"	よんひゃく	400
go hyaku		ごひゃく	500
roppyaku ☆	nunca "roku hyaku"	ろっぴゃく	600
nana hyaku	nunca "shichi hyaku"	ななひゃく	700
happyaku ☆	nunca "hachi hyaku"	はっぴゃく	800
kyuu hyaku	nunca "ku hyaku"	きゅうひゃく	900

Los millares – 1000-9000			
sen, issen		せん、いっせん	1,000
ni sen		にせん	2,000
san zen ☆	nunca "san sen"	さんぜん	3,000
yon sen	nunca "shi sen"	よんせん	4,000
go sen		ごせん	5,000
roku sen		ろくせん	6,000
nana sen	nunca "shichi sen"	ななせん	7,000
hassen ☆	nunca "hachi sen"	はっせん	8,000
kyuu sen	nunca "ku sen"	きゅうせん	9,000

❑ Poniéndolo todo junto

Ahora que conoces las centenas y los millares simplemente puedes pegar las cadenas de números para contar hasta el 9,999. Los primeros ejemplos a continuación utilizaran números repetidos para ayudarte a juntar los números.

Ejemplos	
1. 222	ni hyaku ni juu ni
2. 555	go hyaku go juu go
3. 888	happyaku hachi juu hachi
4. 4,444	yon sen yon hyaku yon juu yon
5. 7,777	nana sen nana hyaku nana juu nana

Ahora combinemos los números. Asegúrate de que entiendas los números que tienen excepciones a sus patrones.

Ejemplos	
1. 639	roppyaku san juu kyuu
2. 360	sanbyaku roku juu
3. 2,512	ni sen go hyaku juu ni
4. 8,096	hassen kyuu juu roku
5. 9,853	kyuu sen happyaku go juu san

B Para practicar れんしゅうのため

Cuando estés manejando o caminando en la calle, practica leer los números de las placas de los automóviles.

Practica decir tu número de teléfono, celular, fax, etc., en japonés. Apréndetelos al derecho y al revés.

B Actividades De Lección

❑ Conversión de números
Escribe los siguientes números en japonés.

1) 34 _____   2) 59 _____

3) 29 _____   4) 78 _____

5) 120 _____   6) 392 _____

7) 57 _____   8) 3,004 _____

9) 1,203 _____   10) 789 _____

11) 99 _____   12) 4,675 _____

13) 932 _____   14) 8,773 _____

❑ Números de uso diario
Sigue las instrucciones para la siguiente tarea.

1. Escribe tu número de teléfono en japonés.

_____

2. Escribe tu número de celular o de trabajo en japonés.

_____

3. Escribe el número de licencia de tu auto(o de cualquier auto) en japonés.
   (Escribe las letras en ro–maji)

_____

Primer Encuentro

Presentándose y saludos básicos

Hajimemashite

C Acerca De Esta Lección このレッスンについて

Si hay una cosa que en realidad debes aprender a hacer bien, es presentarte. Debes de practicar esto lo más seguido que puedas. Las primeras impresiones solo se hacen una vez.

Lo bueno es que el no ser hablante nativo de japonés te da una ventaja. Si fallas en tu introducción, lo más probable es que te perdonen. No eres japonés, y todos entenderán que aun estas aprendiendo.

C Clip cultural: La Reverencia

En la siguiente conversación podrás practicar conociendo a alguien por primera vez, pero lo que no podrás ver en el texto es la reverencia que hace cada persona cuando dicen, "Hajimemashite". La reverencia es tan importante para los japoneses como el saludo de mano es para nosotros.

Muchos de nosotros hemos escuchado que entre más bajo hagas la reverencia, mas respeto le muestras a la persona que saludas. Esto es verdad, aunque la mayoría de los estudiantes del japonés no se verán con muchas situaciones que necesiten de una reverencia muy seria. Cuando conozcas a alguien por primera vez, una reverencia de 30 grados sostenida por unos dos segundos será suficiente. Pero mantén en mente que, como extranjero en Japón, los japoneses no esperaran que conozcas de sus costumbres, y si haces la reverencia incorrectamente no se sentirán ofendidos.

La reverencia que se utiliza más en común es de 15 grados sostenida por uno o dos segundos. Te harán reverencia sin importar a donde vayas. La próxima vez que veas a una persona japonesa hablando en el teléfono, ¡quizás hasta lo veas haciendo reverencia el uno al otro al final de la conversación! No es necesario regresarle la reverencia a los meseros o a los empleados de las tiendas departamentales. Con solo inclinar la cabeza un poco es suficiente.

Las manos normalmente se mantienen pegadas al cuerpo cuando se hace la reverencia. Los hombres tienden a tener sus manos a los lados, mientras que las mujeres normalmente las mantienen pegadas a los muslos con los dedos tocándolos ligeramente.

C Conversación かいわ

❑ Conociendo a alguien por primera vez
Miremos las frases que nos encontraremos cuando conoces a alguien por primera vez.

1. **Hajimemashite**
   Gusto conocerte/ ¿Qué tal?
   Esta frase solo es utilizada cuando conoces a alguien por primera vez. Cuando pronuncies "Hajimemashite" asegúrate que la "i" en "mashite" sea muda al igual como pronunciarías "mashte".

2. **___(nombre)___ to moushimasu.**
   Yo soy ___(nombre)___.
   Aunque hay otras maneras de decir tu nombre, esta es una excelente manera de presentarte. Es muy formal y humilde a la vez. Es el equivalente de decir "Yo soy llamado _____".

3. **Yoroshiku onegai shimasu.**
   Encantado / Espero poder trabajar muy bien contigo.
   Es increíble la cantidad de significados que puede tener esta frase. Esta frase es multiusos y su significado varía dependiendo de la situación. Cuando se usa como en la conversación 1, su significado tendrá el efecto de decir, "Hay que ser amables el uno con el otro".

   Aunque esta frase es muy común al hablar en japonés, no hay equivalente exacto en español que abarque todos sus significados. Ahora veamos las frases que aprendimos.

Conversación 1: Primer Encuentro
Esta conversación es entre gente que se conoce por primera vez. El Sr. González (Gonzaresu) es mexicano y el Sr. Mori es japonés.

Sr. González:	Hajimemashite. Gonzaresu to moushimasu.
Sr. Mori:	Hajimemashite. Mori to moushimasu. Yoroshiku onegai shimasu.
Sr. González:	Yoroshiku onegai shimasu.
Sr. González:	Mucho gusto. Yo soy González (Mi nombre es González).
Sr. Mori:	Mucho gusto. Yo soy Mori (Mi nombre es Mori). Encantado.
Sr. González:	Encantado.

❑ Preguntándole a alguien su edad

Cuando empiezas con tus estudios de japonés, tus conversaciones son limitadas a lo que puedes entender y decir sin problemas. Aunque el tema de la "edad" no es normalmente discutido en primeros encuentros (¡y puede ser un poco extraño en una junta de negocios!), no es un tema extraño para situaciones que se llevan a cabo fuera de los negocios.

1. **Nansai desu ka.**
   ¿Cuántos años tienes?

2. **___(años)___ sai desu.**
   Tengo (años) años de edad.
   Si es necesario, revisa los números que aprendiste en la lección anterior. La palabra "*sai*" literalmente significa "años de edad". Siempre se coloca después de la edad.

Ejemplos	3 años de edad	san sai
	15 años de edad	juu go sai
	100 años de edad	hyaku <u>sai</u>

Conversación 2: ¿Cuántos años tienes?
Sr. González: Nansai desu ka.
Sra. Hayashi: Ni juu go sai desu.
Sr. González: ¿Cuántos años tienes?
Sra. Hayashi: Tengo 25 años de edad.

❑ Aprendiendo a decir tu edad

Como ya mencionamos, para decir tu edad, solo agrega *sai* después del número de años. Algunas edades cambian en cómo se dicen. Usa la siguiente tabla para aprender la manera correcta.

Años de edad - とし		
1 año de edad	issai	nunca "ichi sai"
2 años de edad	ni sai	
3 años de edad	san sai	
4 años de edad	yon sai	nunca "shi sai"
5 años de edad	go sai	
6 años de edad	roku sai	
7 años de edad	nana sai	nunca "shichi sai"

8 años de edad	hassai	nunca "hachi sai"
9 años de edad	kyuu sai	nunca "kusai" (¡*kusai* significa apestoso!)
10 años de edad	jussai	nunca "juu sai"
11 años de edad	juu issai	nunca "juu ichi sai"
12 años de edad	juu ni sai	
13 años de edad	juu san sai	
14 años de edad	juu yon sai	nunca "juu shi sai"
15 años de edad	juu go sai	
16 años de edad	juu roku sai	
17 años de edad	juu nana sai	nunca "juu shichi sai"
18 años de edad	juu hassai	nunca "juu hachi sai"
19 años de edad	juu kyuu sai	
20 años de edad	hatachi	nunca "ni juu sai"
21 años de edad	ni juu issai	nunca "ni juu ichi sai"
22 años de edad	ni juu ni sai	
23 años de edad	ni juu san sai	
24 años de edad	ni juu yon sai	nunca "ni juu shi sai"
25 años de edad	ni juu go sai	
26 años de edad	ni juu roku sai	
27 años de edad	ni juu nana sai	nunca "ni juu shichi sai"
28 años de edad	ni juu hassai	nunca "ni juu hachi sai"
29 años de edad	ni juu kyuu sai	nunca "ni juu ku sai"
30 años de edad	san jussai	nunca "san juu sai"
40 años de edad	yon jussai	nunca "shi juu sai" o "yon juu sai"
50 años de edad	go jussai	nunca "go juu sai"
100 años de edad	hyaku sai	en veces dicho como "hyakkusai"

Note: Los primeros diez números definen el patrón para todos los números que siguen.

❑ ¿De cuantos años me veo?

En las etapas iniciales de tu aprendizaje de japonés, lo siguiente será una manera muy divertida de romper el hielo con tus nuevos amigos japoneses.

1. **Nansai ni miemasu ka.**
   ¿De cuantos años me veo?
   Esta es probablemente la respuesta más común a la pregunta "Nansai desu ka."
   Mantén en mente que le ha honestidad puede ser dolorosa en cualquier idioma, ¡así que ten cuidado con tu respuesta! La frase es muy buena porque te da a ti y a tu nuevo amigo la oportunidad de divertirse.

2. **__(años)__ sai ni miemasu.**
   Te ves de __(años)__ año de edad.

Conversación 3 ¿De cuántos años me veo?
Sr. González: Nansai desu ka.
Sra. Hayashi: Nansai ni miemasu ka.
Sr. González: Hatachi ni miemasu.
Sr. González: ¿Cuántos años tienes?
Sra. Hayashi: ¿De cuántos años me veo?
Sr. González: Te vez de unos 20 años de edad.

C Hablando naturalmente しぜんに はなすこと

Al igual que en cualquier lenguaje, hay ciertas cosas que son "gramáticamente correctas" y "gramáticamente incorrectas". En esta sección aprenderás a sonar más natural cuando hables japonés. En algunos casos quizás hasta podrás romper reglas que acabas de aprender, y en algunos casos hasta aprenderás que es lo que es más usado en común.

❑ Mi nombre es...

Muchos estudiantes nuevos al japonés aprenden a decir "Watashi no namae wa _____ desu", que significa, "Mi nombre es _____." Aunque gramáticamente es correcto, esta manera de presentarte no es muy común entre la gente japonesa.

Conversación 4: Mi nombre es… (gramáticamente correcto)
Sra. Hayashi: (O) namae wa nan desu ka.
Sr. González: Watashi no namae wa Gonzaresu desu.
Sra. Hayashi: ¿Cuál es tu nombre?
Sr. González: Mi nombre es González.

Conversación 5: Mi nombre es… (la manera natural)
Sra. Hayashi: (O) namae wa nan desu ka.
Sr. González: Gonzaresu to moushimasu.
Sra. Hayashi: ¿Cuál es tu nombre?
Sr. González: Yo soy González. (Mi nombre es González).

C   Actividades De Lección

❏ Números japoneses
Traduce el siguiente japonés al español.

1. nana juu go sai   _____

2. yon juu hassai   _____

3. hachi juu ni sai   _____

4. hyaku nana sai   _____

5. san juu yon sai   _____

6. juu roku sai   _____

7. go juu issai   _____

8. hatachi   _____

9. happyaku sai   _____

10. issai   _____

❏ Pregunta y repuesta 1
Responde las siguientes preguntas en japonés.

1. Nansai desu ka.

_____

2. (O) namae wa nan desu ka.

_____

❑ **Pregunta y respuesta 2**

Responde la pregunta para cada una de las imágenes.

Nansai ni miemasu ka.

1.

Respuesta: _____
_____

2.

Respuesta: _____
_____

3.

Respuesta: _____
_____

4.

Respuesta: _____
_____

5.

Respuesta: _____
_____

6.

Respuesta: _____
_____

Pre-Lección
D
Nivel ①

Ir y Venir
Saludos y despedidas básicas

D Acerca De Esta Lección このレッスンについて

En Japón, hay ciertas frases que se utilizan para ir y para venir. Estas frases cambian dependiendo si el lugar es tu casa, la casa de alguien más, o si el lugar es un negocio.

D Frases Nuevas あたらしい ことば

❑ Saludos de uso diario

Trata de utilizar las siguientes frases todos los días con tus amigos y tu familia.

1. **Oyahou gozaimasu. / Ohayou.**
   Buenos días.
   La versión corta de *ohayou gozaimasu* es *ohayou* y es normalmente utilizada con amigos, familia y gente con la que tengas una relación casual.

2. **Konnichiwa.**
   Buenas tardes.
   El sonido de la doble consonante 'nn' en *konnichiwa* se mantiene más larga que una "n".

3. **Konbanwa.**
   Buenas noches.
   Esta frase solo se utiliza cuando ves a alguien por primera vez en la noche. No puede ser utilizada al despedirte de alguien en la noche.

4. **Oyasuminasai. / Oyasumi.**
   Buenas noches.
   La versión corta, *oyasumi*, solo deberá ser utilizada con amigos, familia y gente con la que tengas una relación casual.

5. **Arigatou gozaimasu. / Arigatou.**
   Gracias.
   Arigatou es una manera muy común de decir "Gracias". En la vida real, raramente escucharas la versión que se enseña frecuentemente en las escuelas y cursos.

❑ Ir y venir de la casa

Las siguientes frases son utilizadas por millones de gente japonesa cuando se van o regresan de su casa:

1. itte kimasu.

   Iré y regresare. /Regresaré después.

   Esta frase se usa cuando te vas a ir de tu casa. También se puede decir cuando te vas a ir de cualquier lugar al que planeas regresar.

2. itterasshai.

   Que tengas un buen día. /Cuídate./ Nos vemos.

   Esta es la respuesta a *itte kimasu*. Esta frase se le dice a alguien que se va a ir y que regresara después. *itterasshai* es normalmente utilizada solamente en situaciones en que la persona se va a ir y regresar en un poco de tiempo.

3. Tadaima.

   He regresado. /Ya llegué.

   Esta frase es utilizada comúnmente cuando regresas a tu casa. También se puede utilizar cuando regresas a un lugar del que te acabas de ir.

4. Okaerinasai.

   Bienvenido de vuelta.

   Esta es la respuesta a *tadaima*. También puede ser con alguien que acaba de regresar a un lugar del que se acaba de ir.

Conversación 1: Yéndote de casa

La siguiente conversación es entre Jiro y su madre mientras que Jiro se prepara para irse a la escuela.

Jiro:	itte kimasu!
Mama de Jiro:	itterasshai!

Conversación 2: Regresando a casa

La siguiente conversación es entre Jiro y su madre mientras que Jiro regresa a casa de la escuela.

Jiro:	Tadaima!
Mama de Jiro:	Okaerinasai!

D   Hablando Naturalmente しぜんに はなすこと

❑ El sonido mudo de la "U"

Muchas frases que se enseñan en esta lección terminan con "masu".

> **Ejemplos**
> 1. Oyahou gozaimasu.
> 2. itte kimasu.
> 3. Arigatou gozaimasu.

En el japonés de uso cotidiano, la "u" que se utiliza al final de las palabras "masu" es muda y se pronuncia como "mas". Practica las palabras y frases que tengan esta pronunciación y sonarás más natural.

D   Actividades de Lección

❑ Traducción de japonés

Traduce la siguiente conversación al inglés.

1.	
Mari:	itte kimasu.
Mama de Mari:	itterasshai.
Mari:	
Mama de Mari:	

2.	
Kenji:	Tadaima.
Papa de Kenji:	Okaerinasai.
Kenji:	
Papa de Kenji:	

Grupos de Vocabulario

Durante tus estudios empezaras a darte cuenta de que los puntos de gramática no se te olvidaran fácilmente. Sin embargo, necesitaras más que gramática para poder hablar eficientemente – ¡también necesitarás vocabulario!

Durante este curso, introduciremos grupos de palabras que son importantes para hablar el japonés cotidiano efectivamente. No tendrás que tratar de memorizarlo todo a la vez. Solo familiarízate con cada grupo ya que estarán apareciendo más y más frecuentemente en las lecciones subsecuentes.

❑ Explicación del Kana y Kanji Progresivo

Cuando introduzcamos palabras nuevas, introduciremos múltiples versiones japonesas de cada palabra. Esto será más fácil en el futuro cuando sepas leer más japonés.

Progresivo – Mientras vayas aprendiendo más hiragana en cada lección, la versión progresiva ira reemplazando a el alfabeto en español con hiragana.

Kana – Esta versión será compuesta de caracteres Hiragana o Katakana dependiendo de cómo se escriba la palabra normalmente en japonés. El Hiragana y Katakana son conocidos también como Kana.

Kanji – Cuando una palabra es normalmente escrita en Kanji, se mostrará aquí. Si no hay kanji para esa palabra, entonces repetiremos la versión del Kana.

A   el cuerpo

Progresivo	Kana	Kanji	Español
kuchi	くち	口	boca
me	め	目	ojo
mimi	みみ	耳	oído/oreja
hana	はな	鼻	nariz
kao	かお	顔	rostro
te	て	手	mano
ashi	あし	足	pie; pierna
yubi	ゆび	指	dedo
atama	あたま	頭	cabeza
ha	は	歯	diente, dientes

B   En la cama y el baño

Progresivo	Kana	Kanji	Español
makura	まくら	枕	almohada
beddo	ベッド	ベッド	cama
futon	ふとん	布団	futón
moufu	もうふ	毛布	cobertor/cobija
taoru	タオル	タオル	toalla
ofuro	おふろ	お風呂	baño
sekken	せっけん	石けん	jabón
haburashi	ハブラシ	歯ブラシ	cepillo de dientes
kagami	かがみ	鏡	espejo
mado	まど	窓	ventana

Lección
1
Nivel ①

Creando Enunciados Sencillos
¿Qué es?

1 **Acerca de esta Lección** このレッスンについて

Antes de la Lección

1. Repasa el vocabulario en los grupos A y B.
2. Asegúrate de que entiendas las bases de la pronunciacion del japonés de la Pre-Lección A.

Objetivos

1. Aprender a hacer preguntas y respuestas simples
2. Aprender la partícula interrogatoria *ka*

De los maestros

1. Recuerda la frase *nan desu ka* (¿Qué es?) y entiende como se utiliza *desu*.

1 **Palabras Nuevas** あたらしい ことば

Progresivo	Kana	Kanji	Español
nani	なに	何	¿Qué?
hai	はい	はい	si
iie *	いいえ	いいえ	no
inu	いぬ	犬	perro
neko	ねこ	猫	gato
(nombre) ~san	さん	さん	Sr., Sra., Srta.
Tanaka	たなか	田中	(apellido común)
Kobayashi	こばやし	小林	(apellido común)

* NOTA: En este libro, *iie* y otras palabras japonesas que empiecen con la letra "i" serán escribas en minúsculas para evitar confusión con la "L" minúscula.

1 Frases Nuevas あたらしい かいわ

Cada lección tendrá varias frases nuevas. En este punto, no te preocupes por la gramática; simplemente memorizándote las frases será suficiente por el momento.

1. ¿Entiendes?   Wakarimasu ka.
2. Si, entendido.   Hai, wakarimasu.

3. No, no entiendo.   iie, wakarimasen.
4. No Entiendo./ No sé. *   Wakarimasen.

5. Por favor dilo otra vez.   Mou ichido itte kudasai.
6. Por favor habla más despacio.   Motto yukkuri itte kudasai.

* **NOTA:** Aunque *wakarimasen* significa "no entiendo," también se utiliza frecuentemente para decir "no sé."

1 Gramática ぶんぽう

❏ Plural

El lenguaje japonés no tiene plural como los tiene el español. Por ejemplo, mimi significa "oído" u "oídos", dependiendo del contexto del enunciado. Después aprenderás que algunas palabras tienen formas plurales, pero por el momento recuerda que la mayoría de las palabras pueden ser plurales o singulares sin requerir de modificación.

❏ Usando *desu* para hacer declaraciones simples

Desu (normalmente pronunciado como "des"), dependiendo del contexto, puede significar: "lo es", "esto es", "lo son", "estos son", "Yo soy", "tú eres", "el es", "ella es", "nosotros somos". Siempre se coloca al final de un enunciado. Observa los siguientes ejemplos para ver como se utiliza *desu.*

> **[palabra] + desu**

> **Enunciados de Ejemplo**
> 1. <u>Es</u> una almohada.   Makura <u>desu</u>.
> 2. <u>Yo soy</u> Tanaka.   Tanaka <u>desu</u>.
> 3. <u>Ella es</u> la Sra. Kobayashi.   Kobayashi san <u>desu</u>.
> 4. <u>Es</u> jabón.   Sekken <u>desu</u>.

❑ Haciendo preguntas utilizando *ka*

La *Ka* es como los signos de interrogación en el español. Para convertir una declaración a pregunta en el japonés, simplemente le agregamos la *ka* al final del enunciado.

> **[palabra] + desu ka**

Enunciados de Ejemplo

1. ¿Es una almohada?   Makura desu ka.
2. ¿Eres Tanaka?   Tanaka san desu ka.
3. ¿Es ella la Sra. Kobayashi?   Kobayashi san desu ka.
4. ¿Es jabón?   Sekken desu ka.

❑ La palabra interrogatoria *nani*

La palabra interrogatoria *nani* o *nan* significa "que". Las dos versiones son utilizadas de manera diferente. *Nani* puede utilizarse sola para significar "¿Qué?" *Nan* no puede ser utilizada sola. Siempre será utilizada en conjunto con otras palabras como *desu*, como en el enunciado "Nan desu ka" ("¿Qué es?").

Enunciados de Ejemplo

1. <u>Nan</u> desu ka.   ¿Qué es?
2. <u>Nan</u>sai desu ka.   ¿Cuántos años tienes?
3. <u>Nani</u> iro desu ka. *   ¿Qué color es?
4. <u>Nani</u> ga suki desu ka. *   ¿Qué te gusta?

---

* **NOTA:** La gramática utilizada en los ejemplos anteriores 3 y 4 será explicada en lecciones futuras. Por el momento, simplemente recuerda que verás ambas a NAN y NANI y que significarán "que".

▮1▮   Clip Cultural: Usando *san* para Sr., Srta., etc.

Es costumbre común en Japón agregar *san* al final del nombre de alguien. *San* significa "Sr.", "Srta." y"Sra.", y puede ser utilizada en apellidos o nombres. Es considerado de mala educación no utilizar *san*, especialmente cuando estás hablando con alguien o de alguien que no conoces muy bien, con el alguien mayor a ti, o con alguien que tiene mayor estatus social que el tuyo. <u>Jamás</u> debes utilizar *san* cuando te refieres a ti o a alguien de tu familia.

1 Preguntas Y Respuestas しつもんと こたえ

1. **¿Qué es?**   **Nan desu ka.**
   Es una almohada.   Makura desu.
   Es jabón.   Sekken desu.
   No sé.   Wakarimasen.

2. **¿Es (esto) un espejo?**   **Kagami desu ka.**
   Si, es un espejo.   Hai, kagami desu.
   No, es una ventana.   iie, mado desu.

3. **¿Es (esto) una cama?**   **Beddo desu ka.**
   No, es un futón.   iie, futon desu.
   Si, es una cama.   Hai, beddo desu.

4. **¿Es el Sr. Tanaka?**   **Tanaka san desu ka.**
   Si, es el Sr. Tanaka.   Hai, Tanaka san desu.
   No, es el Sr. Kobayashi.   iie, Kobayashi san desu.

5. **¿Es una cabeza?**   **Atama desu ka.**
   No, es un rostro.   iie, kao desu.
   Si, es una cabeza.   Hai, atama desu.
   No sé.   Wakarimasen.

6. **¿Entiendes?**   **Wakarimasu ka.**
   No, no entiendo.   iie, wakarimasen.
   Si, entiendo.   Hai, wakarimasu.
   No.   iie.

7. **¿Qué es?**   **Nan desu ka.**
   Es una mano.   Te desu.
   Es un pie.   Ashi desu.
   Es un dedo.   Yubi desu.
   Es un cepillo de dientes.   Haburashi desu.

8. **¿Es ella la Sra. Kobayashi?**   **Kobayashi san desu ka.**
   No sé.   Wakarimasen.
   No, ella es la Sra. Tanaka.   iie, Tanaka san desu.
   Si, ella es la Sra. Kobayashi.   Hai, Kobayashi san desu.

Hiragana あいうえお

あ El objetivo ゴール

Cuando termines con ¡*Japonés desde Cero!* serás capaz de leer y escribir todos los símbolos que se muestran a continuación. Esta tabla se lee en estilo tradicional japonés, de la derecha a la izquierda y de arriba hacia abajo.

Leer de derecha a izquierda y de arriba hacia abajo

←

わ wa	ら ra	や ya	ま ma	ぱ pa	ば ba	は ha	な na	だ da	た ta	ざ za	さ sa	が ga	か ka	あ a
	り ri		み mi	ぴ pi	び bi	ひ hi	に ni	ぢ ji	ち chi	じ ji	し shi	ぎ gi	き ki	い i
を wo	る ru	ゆ yu	む mu	ぷ pu	ぶ bu	ふ fu	ぬ nu	づ zu	つ tsu	ず zu	す su	ぐ gu	く ku	う u
	れ re		め me	ぺ pe	べ be	へ he	ね ne	で de	て te	ぜ ze	せ se	げ ge	け ke	え e
ん n	ろ ro	よ yo	も mo	ぽ po	ぼ bo	ほ ho	の no	ど do	と to	ぞ zo	そ so	ご go	こ ko	お o

あ Como funciona este libro

¡*Japonés desde Cero!* utiliza el SISTEMA PROGRESIVO de Yesjapan de enseñanza de hiragana. Mientras aprendas más hiragana nuevo, empezaremos a reemplazar inmediatamente las letras romanas (ro-maji) con el hiragana que acabas de aprender. Por ejemplo, si aprendes la あ (que se lee como "a") empezaremos a utilizarla en las palabras y ejemplos que le siguen.

Español	Antes de la lección	Después de la lección	Hiragana Completo
tú/ usted	anata	あ nata	あなた
perro	inu	い nu	いぬ
casa	ie	いえ	いえ
madre	okaasan	お ka あ san	おかあさん

あ Un Poco de Historia れきし

El Hiragana fue creado por un monje budista hace más de 1200 años (d.C. 774-835). En aquel entonces se creía que las mujeres no debían aprender los tan complicados kanji. Después de que las mujeres aprendieron hiragana, fueron capaces de expresarse a sí mismas en forma escrita. Es gracias al hiragana que las mujeres empezaron a escribir muchas de las primeras obras publicadas en Japón.

Ejemplos de caracteres de Hiragana

あかさたなはまやらわん

El Katakana fue creado utilizando partes de los kanji, mientras que los hiragana que son más redondos, fueron creados simplificando a los kanji. Lo niños en Japón aprende primero el Hiragana, después el Katakana, y finalmente el Kanji. El Hiragana, que solo tiene 47 caracteres, puede usarse para representar a todo el idioma japonés.

Ejemplos de caracteres de Katakana

アカサタナハマヤラワン

Ahora, el kanji consiste de más de 10,000 caracteres. En 1981 el Ministerio de Educación de Japón introdujo a los 1,945 kanji de uso común conocidos como los *Jouyou Kanji*. Alrededor del 6to grado, el típico estudiante conoce la mitad de los *Jouyou Kanji*. Aun hoy en día, se han agregado más Jouyou Kanji a la lista que se consideran necesarios.

Ejemplos de caracteres de Kanji

安加左太奈波末也良和毛

あ Bases de la Escritura かくときの きほん

❏ ¿Qué es un trazo?

Un trazo empieza cuando la pluma (o cualquier otra herramienta de escritura) llega en contacto con el papel. El trazo termina cuando la pluma se separa del papel.

❏ ¿Por qué usar pinceles para escribir?

Tradicionalmente, el japonés se escribía con pinceles. Este libro – y casi cualquier libro que enseña a escribir el japonés – utiliza el estilo de escritura de pincel para los caracteres japoneses. El estilo de escritura de pincel es el más adecuado para representar la escritura de los caracteres.

❏ Diferentes tipos de trazos de pincel

Existen tres tipos de trazos. Para entenderlos más fácilmente los hemos nombrado como *desvaneciente*, *parada muerta, parada de rebote.* Aunque escribas con un pincel, pluma o lápiz, asegúrate de que le pongas atención al tipo de trazo. Esto asegurara de que tu escritura sea correcta y legible.

| DESVANECIENTE | PARADA MUERTA | PARADA DE REBOTE |

あ Hiragana Nuevo あたらしい ひらがな

Los primeros cinco hiragana que aprenderemos se muestran a continuación. Asegúrate de que te aprendas el orden y tipo de correcto.

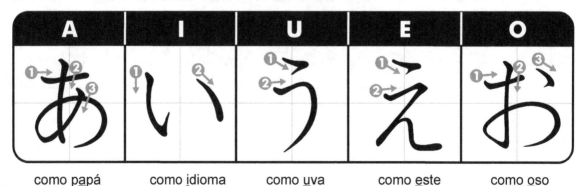

A	I	U	E	O
あ	い	う	え	お
como pa_pá_	como _i_dioma	como _u_va	como _e_ste	como _o_so

あ Varios Estilos スタイル

Observa todos los posibles estilos para el hiragana en esta lección. Escribe cada símbolo lo más claro que puedas, y después compáralo a las diferentes versiones a continuación.

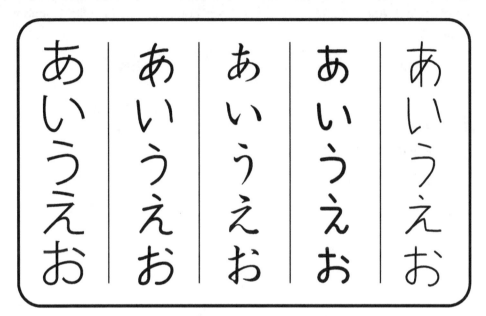

❑ La importancia de los varios estilos

Siempre es importante estudiar los diferentes estilos de cada carácter en la sección de Varios Estilos para ver que es permitido al escribir. Recuerda que hay pequeñas diferencias entre como se ven los caracteres cuando escribes con pincel, con pluma o con lápiz.

あ Puntos de Escritura かくポイント

❑ La diferencia entre la あ (a) y la お (o)

Ten cuidado en no confundir la あ y la お. El segundo trazo de あ es curvado mientras que el segundo trazo de お es derecho hasta antes de la vuelta.

mas curveada
que la お y
no conectado
a la curva.

mas derecha
que la あ y
conetada a la
curva.

❑ Escribiendo de izquierda-a-derecha y arriba-hacia-abajo

Antes de la Segunda Guerra Mundial, las publicaciones en japonés eran escritas con cada una de las líneas de arriba hacia abajo como se muestra en el estilo 2. Actualmente en Japón, ambos estilos son comunes. En algunos casos (como cuando escribes un correo electrónico) solo 1 estilo es posible. Muchos japoneses que escriben libros para niños utilizaran el estilo 2. Aunque ¡*Japonés desde Cero*! contiene solo el estilo 1, ambos estilos son aceptables.

Estilo 1

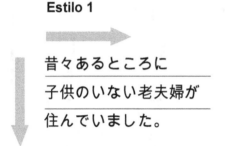

昔々あるところに
子供のいない老夫婦が
住んでいました。

Estilo 2

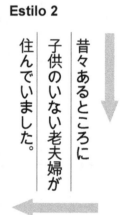

昔々あるところに
子供のいない老夫婦が
住んでいました。

あ Práctica de escritura れんしゅう

Traza los siguientes caracteres de color gris, y después escribelos seis veces para practicar.

a	あ	あ				
i	い	い				
u	う	う				
e	え	え				
o	お	お				

あ Práctica de Palabras ことばの れんしゅう

Escribe el hiragana correcto en los espacios para cada palabra.

1. ___ka___san (madre)
   o   a

2. ___ ___ (casa)
   i   e

3. ___to___san (padre)
   o   u

4. ___ka ___ (rojo)
   a   i

5. ___mo___to (hermana menor)
   i   u

6. ka___ (comprar)
   u

7. ___sagi (conejo)
   u

8. ___npitsu (lápiz)
   e

9. ___ne___san (hermana mayor)
   o   e

10. ___moshiro___ (interesante)
    o   i

11. ___su (silla)
    i

12. ___kiru (levantarse)
    o

あ Palabras Que Puedes Escribir かける ことば

Escribe las siguientes palabras utilizando el hiragana que acabas de aprender. Esta es una gran manera de aumentar tu vocabulario de japonés.

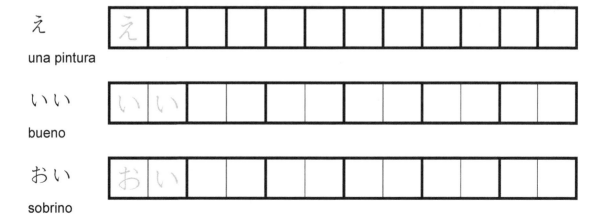

え
una pintura

いい
bueno

おい
sobrino

えい
mantarralla

| え | い | | | | | | | | | |

あう
conocer

| あ | う | | | | | | | | | |

うえ
arriba

| う | え | | | | | | | | | |

いえ
casa

| い | え | | | | | | | | | |

いう
decir

| い | う | | | | | | | | | |

あお
azul

| あ | お | | | | | | | | | |

いいえ
no

| い | い | え | | | | | | |

おおい
muchos

| お | お | い | | | | | | |

あ Hiragana De Uso Diario にちじょうの ことば

あ kachan
bebé

い nu
perro

う shi
vaca

ka え ru
rana

お koru
enojarse

う chu う
espacio

あ Conectando El Hiragana ひらがな マッチング

Conecta los puntos entre cada hiragana y el ro-maji correcto.

お ・   ・ a

う ・   ・ o

え ・   ・ u

い ・   ・ e

あ ・   ・ i

1 Actividades De Lección

❏ Pregunta y respuesta

Responde a las siguientes preguntas viendo las siguientes fotos. Puedes verificar tus respuestas en la hoja de respuestas de esta lección.

1. Nan desu ka?

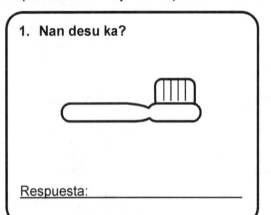

Respuesta: _____

2. Taoru desu ka?

Respuesta: _____

3. Nan desu ka?

Respuesta: _____

4. Hana desu ka?

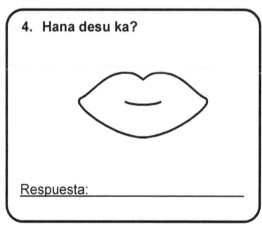

Respuesta: _____

5. Tanaka san desu ka?

Yamamoto san

Respuesta: _____

6. Nan desu ka?

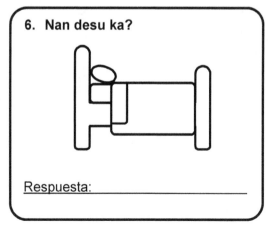

Respuesta: _____

❑ Traducción de Japonés

Traduce la siguiente conversación al español.

1.	
Tanaka san:	Nan desu ka. Mo う fu desu ka.
Kobayashi san:	Mo う い chido い tte kudasa い.
Tanaka san:	Mo う fu desu ka.
Kobayashi san:	いいえ, taoru desu.
Tanaka san:	
Kobayashi san:	
Tanaka san:	
Kobayashi san:	

❑ Traducción de Español

Traduce la siguiente conversación al Japonés.

1.	
Kouichi:	¿Eres Masumi?
Masumi:	No, yo soy Yasuko. ¿Eres Yuusuke?
Kouichi:	No, yo soy Kouichi.
Kouichi:	
Masumi:	
Kouichi:	

❑ ¿Qué dirías tú?

¿Qué dirías en las siguientes situaciones? Escribe la respuesta en japonés.

1. Cuando quieres que alguien repita lo que dijo:

   _____

2. Cuando conoces a alguien por primera vez:

   _____

3. Cuando quieres que alguien adivine tu edad:

---

4. Cuando le preguntas a alguien si es el Sr. Nakamura:

---

5. Cuando le pides a alguien que hable más despacio:

▮1 Ejercicios ドリル

Traduce los siguientes enunciados. Si sabes qué significan ¡felicidades! ¡Ya estas aprendiendo japonés! Si no sabes qué significan, te recomendamos que revises la repases las lecciones que hemos visto hasta ahora antes de continuar.

1. Nan desu ka.
2. Wakarimasu ka.
3. Ha い, wakarimasu.
4. い nu desu ka.

5. Makura desu ka.
6. いいえ、 neko desu.
7. Wakarimasen.
8. Hajimemashite.

▮1 Construyendo Enunciados ぶんのつくり

En cada lección iremos construyendo enunciados basados en ejemplos anteriores. Observa cómo crece y se transforma mientras introducimos más y más conceptos.

> **Nan desu ka.**
> **¿Qué es?**

Lección

2

Nivel ①

Trabajando con el Tema

¿Cuál es?

---

2 Acerca De Esta Lección このレッスンについて

Antes De La Lección

1. Poder leer y escribir あいうえお.
2. Entender cómo usar *desu* y la partícula *ka*.

Objetivos

1. Aprender a trabajar con el tema en enunciados sencillos.
2. Aprender a utilizar el marcador de tópico *wa*.

De Los Maestros

1. Apréndete las frases "Dore desu ka" y "Docchi desu ka"
2. Memorízate el patrón **ko so a do**. Te va a servir mas tarde.

---

2 Palabras Nuevas あたらしい ことば

Progresivo	Kana	Kanji	Español
dore	どれ	どれ	¿cuál? (tres o más)
kore	これ	これ	este
sore	それ	それ	ese
あ re	あれ	あれ	aquél
docchi	どっち	どっち	¿cuál?(dos cosas)
kocchi	こっち	こっち	aquí
socchi	そっち	そっち	ahí
あ cchi	あっち	あっち	allá
retasu	レタス	レタス	lechuga
banana	バナナ	バナナ	plátano
yasa い	やさい	野菜	verdura
furu–tsu	フルーツ	フルーツ	fruta

kudamono	くだもの	果物	fruta
sushi	すし	寿司	sushi
pen	ペン	ペン	pluma
kuruma	くるま	車	automóvil
konpyu–ta–	コンピューター	コンピューター	computadora
hon	ほん	本	libro
zasshi	ざっし	雑誌	revista

2 Frases Nuevas あたらしい かいわ

Para este punto, no te preocupes de las frases nuevas; simplemente con memorizarte las frases será mejor por el momento.

1. ¿Puedes hablar japonés?   Nihongo ga hanasemasu ka.
2. ¿Puedes hablar inglés?   えい go ga hanasemasu ka.
3. ¿Puedes hablar español?   Supeingo ga hanasemasu ka.
4. Un poco.   Sukoshi.
5. Para nada.   Zenzen.
6. Estoy estudiando japonés.   Nihongo o benkyou shiteimasu.

2 Clip Cultural: Sushi y Sashimi

Muchos extranjeros a Japón no saben la diferencia entre el Sushi y el Sashimi. El sushi es pescado crudo o cocinado, huevos, o vegetales con arroz. Se coloca arriba de un puño lleno de arroz, y normalmente hay un poco de *wasabi* entre el pescado y el arroz. *El Wasabi es rábano picante y es muy punzante.* El sashimi simplemente es pescado en rodajas. (Pruébalo -¡quizás te guste!)

El Sushi es pescado crudo en arroz

El Sashimi es pescado crudo en rodajas

2 Herramientas Cool クール・ツール

En el japonés, hay un patrón de palabras que veras seguido. Se conocen como el patrón *ko so a do.* En esta lección hay dos patrones *ko so a do*: <u>ko</u>re, <u>so</u>re, <u>a</u>re, <u>do</u>re, y <u>ko</u>cchi, <u>so</u>cchi, <u>a</u>cchi, <u>do</u>cchi. Fíjate bien como cada palabra empieza con *ko~, so~, a~* o *do~*. La siguiente tabla muestra la relación de distancia entre las palabras y el hablante.

Debido a que las cuatro palabras en un grupo *ko-so-a-do* son similares en como suenan, es fácil confundirlas. El diagrama en la derecha te ayudara a recordar la relación entre la palabra en el grupo y el hablante. Apréndete este diagrama porque vamos a ver más grupos *ko-so-a-do* a continuación.

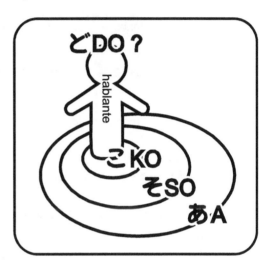

ko – Suficiente cercas para tocar

so – Cercas, pero no suficiente para tocar

a – Lejos. Definitivamente no está cercas.

do – Palabra interrogante.

2 Gramática ぶんぽう

❑ **El marcador de tópico *wa***

La partícula *wa* es usada para marcar el tema de un enunciado. Normalmente se piensa que significa algo como "Hablando de ~", o "En cuanto a ~," pero no tiene significado en español. Generalmente, todo lo que viene antes de *wa* es el tema o parte del tema. Todo después de *wa* describe o pregunta acerca del tema.

> **[tema] + wa + [pregunta o descripción]**

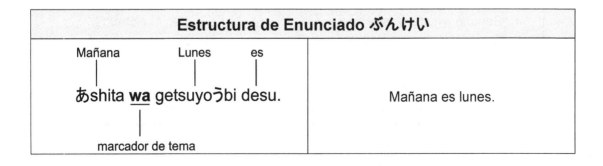

Estructura de Enunciado ぶんけい	
Mañana Lunes es あshita **wa** getsuyoうbi desu. marcador de tema	Mañana es lunes.

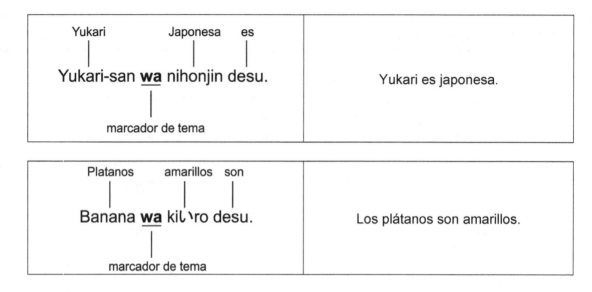

❑ Usando *wa* en una variedad de enunciados

Recuerda que *wa* es usada para marcar el tema de un enunciado. Lee los ejemplos para ver como *wa* puede ser aplicada para las palabras que ya conoces. No olvides que la palabra antes de *wa* es el tema, y todo lo que viene después de la *wa* esta haciendo una pregunta del tema o esta describiéndolo.

Ejemplos de Preguntas Y Respuestas

1. Kore wa nan desu ka.   ¿Qué es esto?
   Sore <u>wa</u> kagami desu.   Eso es un espejo.

2. Sore <u>wa</u> nan desu ka.   ¿Qué es eso?
   Sore <u>wa</u> pen desu.   Eso es una pluma.
   あ re <u>wa</u> banana desu.   Aquello es un plátano.

3. Kore <u>wa</u> yasa い desu ka.   ¿Esto es una verdura?
   いいえ、sore <u>wa</u> furu–tsu desu.   No, eso es una fruta.

4. Banana <u>wa</u> nan desu ka.   ¿Qué es el plátano?
   Banana <u>wa</u> furu–tsu desu.   El plátano es una fruta.

5. Retasu <u>wa</u> furu–tsu desu ka.   ¿La lechuga es una fruta?
   いいえ、retasu <u>wa</u> yasa い desu.   No, la lechuga es una verdura.

❑ Las palabras interrogatorias *dore* y *docchi*

Dore y *docchi* ambas significan "¿Cuál?" *Dore* es usada con grupos de tres o más. Si solo hay dos cosas, se dice *docchi*.

> **[*tema*] + wa dore desu ka**
> **[*tema*] + wa docchi desu ka**
> **¿Cuál es el [*tema*]?**

Si hay tres o más cosas, se utiliza *dore*.

1. Kuruma wa dore desu ka.   ¿Cuál es un auto?
2. Furu–tsu wa dore desu ka.   ¿Cuál es una fruta?
3. Yasa い wa dore desu ka.   ¿Cuál es verdura?

Si solo has dos cosas, se utiliza *docchi*.

1. Kuruma wa docchi desu ka.   ¿Cuál (de los dos) es un auto?
2. Furu–tsu wa docchi desu ka.   ¿Cuál (de los dos) es una fruta?
3. Yasa い wa docchi desu ka.   ¿Cuál (de los dos) es una verdura?

❑ Siguiendo el mismo patrón al responder

Pon atención a como las respuestas y preguntas en la siguiente sección de Ejemplos de Preguntas Y Respuestas siguen el mismo patrón de enunciado. Al responder preguntas, recuerda que *el 90% de la respuesta está en la pregunta.*

También, cuando la pregunta contiene *~cchi,* la respuesta no debe de cambiar a *~re.* Manten los enunciados de respuesta en el mismo formato que sus enunciados de pregunta.

Ejemplos de Preguntas Y Respuestas

Pregunta:	Kuruma	wa	dore	desu	ka.	¿Cuál es un auto?
Respuesta:	Kuruma	wa	kore	desu.		Este es un auto.
Pregunta:	Banana	wa	nan	desu	ka.	¿Qué es un plátano?
Respuesta:	Banana	wa	furu–tsu	desu.		El plátano es una fruta.
Pregunta:	Kagami	wa	dore	desu	ka.	¿Cuál es un espejo?
Respuesta:	Kagami	wa	sore	desu.		Ese es un espejo.

Pregunta:	Mado	wa	docchi	desu	ka.	¿Cuál es una ventana?
Respuesta:	Mado	wa	あ cchi	desu.		Aquella es una ventana.

❏ Usando lo que sabes para aprender mas

Si no sabes utilizar una palabra, utiliza el japonés que sabes para preguntarle a alguien que es. Puedes utilizar el siguiente enunciado para preguntarle que es una cosa. Por ejemplo, digamos que no sabes que significa え npitsu:

Ejemplos

1. え npitsu wa <u>nan</u> desu ka?
   ¿Qué es "enpitsu"?

2. え npitsu wa rapisu desu.
   Enpitsu es un lápiz.

2   Hablando Naturalmente しぜんに はなすこと

❏ Omitiendo el tema de un enunciado

Es muy común en el japonés omitir el tema cuando ya se ha introducido a una conversación. En el español al igual, constantemente remarcamos el tema y sabemos de quien se está hablando gracias al verbo. "(Él) corre", "(ella) corre", "(nosotros) corremos". De manera similar el japonés hablado es como un partido de tenis.

Se sirve el tema y se empieza a discutir de ida y vuelta. Normalmente el tema no se menciona otra vez hasta que se sirva un tema nuevo.

Para explicar esto, observa las siguientes declaraciones acercas de mi amiga Michiko:

1. Michiko es mi amiga.
2. Ella vive en Japón.
3. Ella tiene 18 años de edad.
4. Ella es estudiante de universidad.

En el español, el tema "Mi amiga" se presenta en el primer enunciado. Después en cada enunciado, sabemos que estamos hablando de ella gracias al verbo.
En el japonés de igual forma, es más natural no decir "ella" una y otra vez. En el español sucede lo mismo, podemos omitir al pronombre "ella". Esto hace que la conversación suene más natural.

El equivalente del japonés hablado se vería más como esto. Observa cómo suena más natural que si estuviéramos repitiendo "ella" en cada enunciado.

1. Mi amiga es Michiko.	Watashi no tomodachi wa Michiko desu.
2. Vive en Japón.	Nihon ni sunde い masu.
3. Tiene 18 años de edad.	Ju う hassa い desu.
4. Es estudiante de universidad.	Da い gakuse い desu.

Mientras lees los ejemplos de preguntas y respuestas en la siguiente sección, trata de buscar lugares en que el tema NO se repite.

2 Preguntas Y Respuestas しつもんと こたえ E→J

1. **¿Cuál es? (cuatro cosas)**
   Es este.
   Es ese.
   Es aquél.

   Dore desu ka.
   Kore desu.
   Sore desu.
   あ re desu.

2. **¿Qué es?**
   Esto es una almohada.
   Esto es una computadora.
   Es un cobertor.

   Kore wa nan desu ka.
   Kore wa makura desu.
   Kore wa konpyu–ta– desu.
   Mo う fu desu.

3. **¿Esto es una verdura?**
   Si, es una verdura.
   No, es una fruta.
   Si, es lechuga.

   Kore wa yasa い desu ka.
   Ha い, yasa い desu.
   いいえ, furu–tsu desu.
   Ha い, retasu desu.

4. **¿Cuál es una verdura? (dos cosas)**
   Es este.
   Es ese.
   No sé.

   Yasa い wa docchi desu ka.
   Kocchi desu.
   Socchi desu.
   Wakarimasen.

5. **¿Qué es eso?**
   Eso es jabón.
   Esto es una toalla.
   Es un futón.

   Sore wa nan desu ka.
   Sore wa sekken desu.
   Kore wa taoru desu.
   Futon desu.

Hiragana かきくけこ

か Hiragana Nuevo あたらしい ひらがな

Asegúrate de que te aprendas el orden correcto de los trazos, ya que esto te permitirá escribir los caracteres más rápido y legibles.

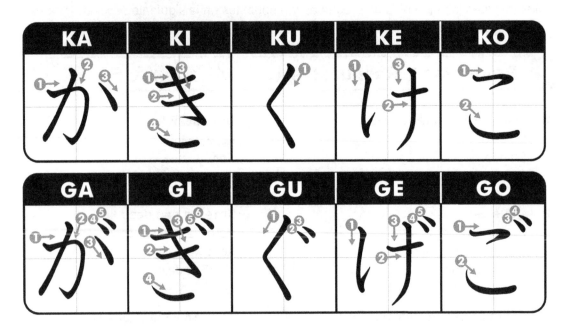

か Varios Estilos スタイル

Observa los varios tipos de estilos de hiragana en esta lección. Escribe cada símbolo lo más claro que puedas, y después compáralo con las siguientes versiones a continuación.

がぎぐげご　がぎぐげご　がぎぐげご　がぎぐげご　がぎぐげご

がぎぐげご　がぎぐげご　がぎぐげご　がぎぐげご

か Puntos de Escritura かくポイント

❑ El dakuten

La única diferencia entre *ka ki ku ke ko* y *ga gi gu ge go* son los últimos dos trazos en la esquina derecha superior. Esos trazos se llaman *dakuten*. Los veras más seguido en lecciones futuras.

❑ Escribiendo が (ga) en la manera correcta

Cuando le agregas los *dakuten* a か (ka) para convertirla en が (ga), asegúrate que sean más cortos que el tercer trazo. El tercer trazo de が siempre debe de ser más largo que los *dakuten*.

が	INCORRECTO
が	INCORRECTO
が	CORRECTO

❑ Las diferentes versiones de き (ki)

Quizás hayas notado en la sección de *Varios Estilos* de esta lección que hay dos versiones de *ki*. Puedes elegir cual versión vas a usar. En Japón verás ambas versiones.

き	Esta versión tiene cuatro trazos y es muy común al escribir. Mucha gente japonesa escribe usando esta versión.
き	Esta versión combina el tercer y cuarto trazo en uno. Es común verlo en texto impreso como libros y revistas.

か Práctica de escritura れんしゅう

Para practicar el orden de trazo correcto, primero traza los siguientes caracteres de color gris claro, y después escribe cada carácter seis veces para practicar.

ka	か	か						
ki	き	き						
ku	く	く						
ke	け	け						
ko	こ	こ						

ga	が	が						
gi	ぎ	ぎ						
gu	ぐ	ぐ						
ge	げ	げ						
go	ご	ご						

か Práctica de Palabras ことばの れんしゅう

Escribe el hiragana correcto en los espacios para cada palabra.

1. ___い ro (amarillo)
   ki

2. ___ ___ (escuchar)
   ki ku

3. ___minari (relámpago)
   ka

4. ___う___n (fuerza aérea)
   ku gu

5. ___ ___ (musgo)
   ko ke

6. い___ (ir)
   ku

7. ___mushi (oruga)
   ke

8. ___う___う (aeropuerto)
   ku ko

9. ___n い ro (color plata)
   gi

10. ___n'ni___ (músculo)
    ki ku

11. ___ ___ (hora de la tarde)
    go go

12. ___お ri (hielo)
    ko

か Palabras Que Puedes Escribir かける ことば

Escribe las siguientes palabras utilizando el hiragana que acabas de aprender. Esta es una gran manera de aumentar tu vocabulario de japonés.

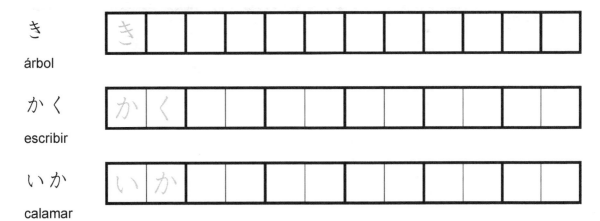

き
árbol

かく
escribir

いか
calamar

かぎ
llave

か	ぎ										

かお
rostro

か	お										

かい
concha

か	い										

あか
rojo

あ	か										

ごご
tarde

ご	ご										

がいこく
país extranjero

が	い	こ	く								

おおきい
grande

お	お	き	い								

くうこう
aeropuerto

く	う	こ	う								

か Hiragana De Uso Diario にちじょうの ことば

tsu き
la luna

けい ta い denwa
teléfono celular

かぎ
llave

cho き n ba こ
alcancía

かく
escribir

su いか
sandía

か Conectando El Hiragana ひらがな マッチング

Conecta los puntos entre cada hiragana y el ro-maji correcto.

き ·   · i

い ·   · go

く ·   · ka

か ·   · ki

え ·   · ku

ご ·   · ke

け ·   · e

2 | Actividades De Lección

❑ Pregunta y respuesta 1

Responde las siguientes preguntas de japonés observando las imágenes.

1. こ re wa nan desu か?

Respuesta: _____

2. こ re wa nan desu か?

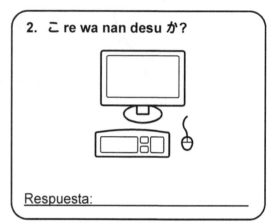

Respuesta: _____

3. こ re wa かが mi desu か?

Respuesta: _____

4. こ re wa yasa い desu か?

Respuesta: _____

❏ Pregunta y respuesta 2

Encierra en un círculo la opción correcta y responde con _こ re desu_ o _こ cchi desu._

1. Hon wa dore desu か?

2. Yasa い wa dore desu か?

3. Furu–tsu wa docchi desu か?

❑ **Pregunta y respuesta 3**

Escribe la pregunta que está haciendo la niña (P:) y la respuesta que le da la mujer (R:) en las siguientes imágenes. (Escribe tus respuestas en japonés)

1.

P: _____

R: _____

2.

P: _____

R: _____

3.

P: _____

R: _____

4.

P: _____

R: _____

❏ Traducción de Japonés

Traduce la siguiente conversación al español.

1.	
Sato こ san:	Sore wa hon desu か.
Sho う ta san:	いいえ, zasshi desu.
Sato こ san:	Mo う い chido い tte く dasa い. Nan desu か.
Sho う ta san:	こ re wa zasshi desu.
Sato こ san:	
Sho う ta san:	
Sato こ san:	
Sho う ta san:	

❏ Traducción de Español

Traduce la siguiente conversación al japonés.

1.	
Persona japonesa:	¿Puedes hablar japonés?
Persona americana:	Un poco.
Persona japonesa:	¿Qué es aquello?
Persona americana:	Aquello es un auto.
Persona japonesa:	Gracias.
Persona japonesa:	
Persona americana:	
Persona japonesa:	
Persona americana:	
Persona japonesa:	

2 Ejercicios ドリル

Traduce los siguientes enunciados. Si no estás seguro qué significan, te recomendamos que repases la lección hasta este punto antes de continuar.

1. Retasu wa nan desu か。
2. Hon wa socchi desu.
3. Tada い ma.
4. Rin ご wa furu–tsu desu.
5. こ re wa yasa い desu か。

6. Nihon ご o benkyo う shiteimasu.
7. あ re wa か が mi desu.
8. Dore が く ruma desu か。
9. Yasa い desu.
10. Nihon ご が hanasemasu か。

2 Construyendo Enunciados ぶんのつくり

En cada lección iremos construyendo enunciados basados en ejemplos anteriores. Observa cómo crece y se transforma mientras introducimos más y más conceptos.

El enunciado de la lección anterior fue: Nan desu か。 (¿Qué es?). En esta lección aprendimos como anexar el tema a la pregunta. Veamos el nuevo enunciado:

こ re wa nan desu か。
¿Qué es esto?

Grupos de Vocabulario

C familia

Progresivo	Kana	Kanji	Español
おかあ san	おかあさん	お母さん	madre
お to う san	おとうさん	お父さん	padre
お ji い san	おじいさん	おじいさん	abuelo
お ba あ san	おばあさん	おばあさん	abuela
あか chan	あかちゃん	赤ちゃん	bebé

D saludos y despedidas

Progresivo	Kana	Kanji	Español
あ rigato う	ありがとう	ありがとう	gracias
お hayo う goza い masu	おはよう ございます	おはよう ございます	buenos días
お yasuminasa い	おやすみなさい	お休みなさい	buenas noches
konnichiwa	こんにちは	今日は	buenas tardes
sayo う nara	さようなら	さようなら	adiós

Lección
3
Nivel ①

Posesión

¿De quién es?

3   Acerca De Esta Lección このレッスンについて

Antes De La Lección

1. Poder escribir y leer かきくけこ, がぎぐげご
2. Entender cómo usar las palabras interrogatorias *docchi* y el marcador de tema *wa*.
3. Repasar los grupos de vocabulario C y D.

Objetivos

1. Aprender a mostrar la pertenencia usando la partícula *no*
2. Aprender a utilizar el marcador de tema が

De Los Maestros

1. Es común confundir *dare* (quien) y *dore* (cual). También es común confundir *watashi* (yo) y あ nata (tu). Trata de evitar estos errores.

3   Palabras Nuevas あたらしい ことば

Progresivo	Hiragana	Kanji	Español
dare	だれ	誰	¿quién?
watashi	わたし	私	yo(hombre/mujer)
bo く	ぼく	僕	yo(sólo hombres)
あ nata	あなた	貴方	tú
か nojo	かのじょ	彼女	ella, novia
か re	かれ	彼	él, novio
nama え	なまえ	名前	nombre
tomodachi	ともだち	友達	amigo(a)
tabun	たぶん	多分	quizás
が kko う	がっこう	学校	escuela

tori	とり	鳥	pájaro, ave
sense い	せんせい	先生	maestro(a)
nihon ご no sense い	にほんごの せんせい	日本語の先生	maestro(a) de japonés

---

3 Frases Nuevas あたらしい かいわ

1. So う desu.

Así es.

Esta frase es usada para afirmar que lo que dijo una persona es verdad o correcto. No siempre se necesita traducir como "Así es." Puede ser traducido en una variedad de frases similares como: "Tienes razón," "Lo es", o simplemente "Sí."

2. Chi が い masu.

Incorrecto.

Esta frase es usada cuando algo es correcto o incorrecto. No siempre tiene que ser traducido como "Incorrecto". También puede significar muchas otras cosas como: "Es diferente," "No lo es," y "No."

---

3 Clip Cultural: Información interesante acerca de bo く

bo く

La palabra *bo く* significa "Yo," y normalmente solo la usan los hombres. Puede ser masculino o lindo dependiendo de su uso. Solo debería de usarse en una conversación casual.

También, cuando estés hablando con niños pequeños, es muy común llamarlos *bo く* cuando no se les conoce de su nombre. Por ejemplo, si alguien está hablando con un niño y escuchas que dicen, "Bo く wa nansa い desu か," significa "¿Cuántos años tienes? y no "¿Cuántos años tengo?"

¿Pueden usar *bo く* las mujeres?

Aunque *bo く* es normalmente una palabra masculina, la escucharas normalmente en canciones cantadas por artistas femeninas. Esto se hace en veces cuando la mujer canta de la perspectiva del hombre o cuando la mujer está tratando de sonar como hombre. A pesar de esto, quizás nunca escuches a una mujer utilizar *bo く* en una conversación. Sin embargo, escucharas normalmente a mujeres jóvenes usar あ ta し como una manera linda e informal de decir *wata し*.

3 | Gramática ぶんぽう

❏ La palabra interrogatoria *dare*

Puedes usar la palabra interrogatoria *dare* igual como usas *nan, dore* y *docchi*.

Ejemplos de Preguntas Y Respuestas

1. <u>Nan</u> desu か 。   ¿<u>Qué</u> es?
   く ruma desu.   Es un auto.

2. <u>Dore</u> desu か 。   ¿<u>Cuál</u> es?
   Sore desu.   Es ese.

3. <u>Dare</u> desu か 。   ¿<u>Quién</u> es?
   Tana か san desu.   Es el Sr. Tanaka.

❏ Usando *wa* con *dare*

Como aprendimos en la lección 2, puedes especificar señalar el tema utilizado el marcador de tema *wa*. Observa como la nueva palabra interrogatoria *dare* (quién) es utilizada.

Ejemplos de Preguntas Y Respuestas

1. あ nata wa <u>dare</u> desu か 。   ¿<u>Quién</u> eres?
   Watashi wa こ bayashi desu.   Yo soy Kobayashi.

2. か re wa <u>dare</u> desu か 。   ¿<u>Quién</u> es él?
   か re wa tomodachi desu.   El es un amigo(a).

3. Sense い wa <u>dare</u> desu か 。   ¿<u>Quién</u> es el maestro(a)?
   Yamada san desu.   Es Yamada san.

4. Tana か san wa <u>dare</u> desu か 。   ¿<u>Quién</u> es Tanaka san?
   Nihon ご no sense い desu.   (Él / Ella) es un maestro(a) de japonés.

❑ Asumiendo el tema basándose en el contexto

El japonés depende mucho del contexto o las "circunstancias" de la conversación. Veamos el enunciado **Dare desu** か que en el ejemplo anterior lo traducimos como "¿Quién es?". Quizás hayas notado que no hay ningún tema específico para este enunciado.

No es poco común que los enunciados en el japonés falten de tema. Como mencionamos en la lección anterior, no es natural decir continuamente "él, ella, tu, yo" en el japonés, de la misma manera en que lo hacemos en el español.

Observa como la traducción de *Dare desu* か cambia dependiendo del contexto.

Ejemplos De Conversaciones

1. **Contexto:** Mirando la foto de una persona desconocida.
   A: Dare desu か。   ¿Quién es esta persona?
   B: Tana か san desu.   Es el Sr. Tanaka.

   El tema "esta persona" es asumido y no es necesario que se mencione.

2. **Contexto:** Alguien que no conoces te habla por teléfono.
   A: Dare desu か。   ¿Quién eres?
   B: Tana か desu.   Soy Tanaka.

   Pudiste haber agregado **あ nata wa** en frente de la pregunta, pero la persona sabe que estas hablando directamente con él, así que el tema se omite el tema.

3. **Contexto:** Mirando a una chica en el pasillo.
   A: Dare desu か。   ¿Quién es ella?
   B: Mayumi desu.   Ella es Mayumi.

   Pudiste haber agregado **か nojo wa** en frente de ambos enunciados, pero la conversación no sonaría natural. No es necesario mencionar a "ella" en la conversación porque el tema es obvio.

❑ Empezando enunciados con o sin palabras interrogatorias

En el español es común empezar los enunciados con palabras interrogatorias. Observa los siguientes enunciados en español que empiezan con palabras interrogatorias:

Enunciados de Ejemplo

1. ¿<u>Qué</u> es esto?
2. ¿<u>Cuál</u> es tu auto?
3. ¿<u>Quién</u> eres?

Debido a que es difícil empezar enunciados en el español con una palabra interrogatoria, muchos estudiantes del japonés creen erróneamente que se puede hacer lo mismo en el japonés, pero desafortunadamente no es así.

En los siguientes ejemplos notaras que los ejemplos de japonés NO empiezan con palabras interrogatorias aunque los ejemplos en español si las tienen. Las preguntas han sido subrayadas en ambos enunciados.

Enunciados de Ejemplo

1. こ re wa <u>nan</u> desu か 。
   ¿<u>Qué</u> es esto?

2. あ nata no く ruma wa <u>dore</u> desu か 。
   ¿<u>Cuál</u> es tu auto?

3. Tana か san wa <u>dare</u> desu か 。
   ¿<u>Quién</u> es Tanaka?

❑ Como empezar un enunciado con una palabra interrogatoria usando が

Aunque normalmente los enunciados japoneses no se empiezan con palabras interrogatorias, hay veces en que esto es aceptable o necesario

Cuando una palabra interrogatoria es el tema de un enunciado, o cuando la palabra interrogatoria es la PRIMERA palabra en el enunciado, el marcador de tema/sujeto が <u>debe</u> ser utilizado en vez de *wa*.

Sin embargo, si las cosas de las que estás hablando ya han sido introducidas a la conversación o están en físicamente en frente de ti, puedes empezar un enunciado con la palabra interrogatoria como el tema.

En los siguientes ejemplos, las palabras interrogatorias han sido subrayadas en ambos enunciados.

Enunciados de Ejemplo

1. <u>Dore</u> が あ nata no く ruma desu か 。
   ¿<u>Cuál</u> es tu auto?

2. <u>Dare</u> が Tana か san desu か 。
   ¿<u>Quién</u> es Tanaka?

Recuerda que la respuesta debe seguir el mismo patrón que la pregunta, y por lo tanto la respuesta también debe utilizar が como el marcador de tema/sujeto.

Ejemplos De Conversaciones

1. A: Dore が あ nata no く ruma desu か 。   ¿Cuál es tu auto?
   B: Sore が watashi no く ruma desu.   Ese es mi auto.

2. A: Dare が Tana か san desu か 。   ¿Quién/Cuál es Tanaka?
   B: Tana か san が watashi no tomodachi desu.   Tanaka es mi amigo.

❑ Haciendo palabras posesivas con la partícula *no*

Es fácil convertir palabras en sus formas posesivas agregando *no* después de ellas.

Ejemplos

mi	watashi <u>no</u>
mi	bo く <u>no</u>
tu	あ nata <u>no</u>
su	か nojo <u>no</u>
su	か re <u>no</u>
de quién	dare <u>no</u>

No también actua como el posesivo **de** en el español cuando aparece después de un nombre u otras palabras.

Ejemplos

<u>De</u> Akiko	あきこ <u>no</u>
<u>De</u> Miguel	Migeru <u>no</u>
<u>De</u> el Sr. Tanaka	Tana か san <u>no</u>
<u>De</u> el padre	お to う san <u>no</u>
<u>De</u> la madre	おかあ san <u>no</u>
<u>De</u> el abuelo	お ji い san <u>no</u>
<u>De</u> la abuela	お ba あ san <u>no</u>

Utilizar este concepto en conversación es fácil. Si alguien pregunta, こ **re wa dare no desu** か (¿De quién es esto?) mientras sostienen un objeto en la mano, puedes usar cualquiera de las siguientes respuestas:

Respuestas De Ejemplo

1. Watashi no desu.   Es mío.
2. あ nata no desu.   Es tuyo.
3. Tana か san no desu.   Es del Sr. Tanaka.
4. か nojo no desu.   Es de ella.
5. お ba あ san no desu.   Es de (mi) abuela.
6. か re no desu.   Es de él.
7. おかあ san no desu.   Es de (mi) madre.

❑ Mostrando posesión de objetos utilizando *no*

En la sección de gramática previa, aprendiste que la partícula **no** es utilizada para convertir palabras en sus formas posesivas. La forma posesiva puede ser utilizada por si misma o seguida por otra palabra para mostrar pertenencia. Trata de pensar de **no** como el pegamento que une a los sustantivos. Agregas objetos después de la forma posesiva de la siguiente manera:

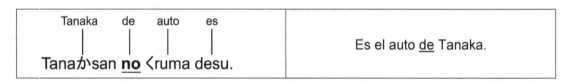

Tanaka de auto es	
Tanaか san **no** くruma desu.	Es el auto <u>de</u> Tanaka.

Ejemplos

mi perro   watashi <u>no</u> い nu
tu mamá   あ nata <u>no</u> おかあ san
su gato (el gato <u>de</u> ella)   か nojo <u>no</u> ne こ
su perro (el perro <u>de</u> él)   か re <u>no</u> い nu
la pluma <u>de</u> papá   お to う san <u>no</u> pen

La partícula **no** no está limitada a unir solo 2 cosas. Puede ser utilizada para clarificar aun más el objeto o la cosa de la que se está hablando.

Ejemplos

あ nata no か nojo no nama え   el nombre de tu novia
おかあ san <u>no</u> ne こ <u>no</u> nama え   el nombre del gato de tu mama

Ahora pongamos en práctica tu nuevo conocimiento de *no*. Estos enunciados pueden parecer largos a primera vista, pero simplemente están usando la gramática que ya aprendiste.

Enunciados de Ejemplo

1. あ nata <u>no</u> か nojo <u>no</u> nama え wa nan desu か。
   ¿Cuál es el nombre de tu novia?

2. Tana か san no おかあ san wa nansai desu か。
   ¿Cuántos años tiene la mama del Sr. Tanaka?

3. こ bayashi san no お to う san wa dare desu か。
   ¿Quién es el padre del Sr. Kobayashi?

---

3 Preguntas Y Respuestas しつもんと こたえ E→J

1. **¿Quién es?**
   Soy yo.
   Es Hideko.
   Es mama.

   Dare desu か。
   Watashi desu.
   Hide こ desu.
   おかあ san desu.

2. **¿De quién es el auto?**
   Es mi auto.
   Es mío.
   Es el auto del Sr. Takada.
   No sé.

   Dare no く ruma desu か。
   Watashi no く ruma desu.
   Watashi no desu.
   Ta か da san no く ruma desu.
   Wa か rimasen.

3. **¿Cuál es tu conejo?**
   Aquel es mi conejo.
   Es ese.

   Docchi が あ nata no う sa ぎ desu か。
   あ cchi が watashi no う sa ぎ desu.
   Socchi desu.

4. **¿Es este tu auto?**
   Si, así es.
   No, es el auto de mi amigo.
   No, es el auto de ella.
   No, es de ella.

   こ re wa あ nata no く ruma desu か。
   Ha い, so う desu.
   いいえ、tomodachi no く ruma desu.
   いいえ、か nojo no く ruma desu.
   いいえ、か nojo no desu.

5. **¿Cuál es tu pájaro?**
   Mi pájaro es ese.

   あ nata no tori wa dore desu か。
   Bo く no tori wa sore desu.

3 Preguntas Y Respuestas しつもんと こたえ J→E

1. **あ nata no ね こ wa dore desu か。**
   Watashi no ね こ wa sore desu.
   Watashi no ね こ wa あ re desu.

   ¿Cuál es tu gato?
   Mi gato es ese.
   Mi gato es aquel.

2. **おかあ san no nama え wa nan desu か。**
   Maria desu.
   Yoshi こ desu.

   ¿Cuál es el nombre de (tu) mama?
   Es Maria.
   Es Yoshiko.

3. **Sore wa か nojo no taoru desu か。**
   いいえ、か re no taoru desu.
   いいえ、Mami こ san no taoru desu.

   ¿Es esa la toalla de ella?
   No, es la toalla de él.
   No, es la toalla de Mamiko.

4. **あ nata no tomodachi no い nu no nama え wa nan desu か。**
   い nu no nama え wa Pochi desu.
   Wa か rimasen.

   ¿Cuál es el nombre del perro de tu amigo?
   El nombre del perro es Pochi.
   No sé.

3 Comprensión de lectura どっかい

Lee los siguientes enunciados. Usa la información para contestar las preguntas de la comprensión de lectura más tarde en esta lección.

① Watashi no nama え wa Honda desu.

② Sanju うご sa い desu.

③ Watashi no か nojo no nama え wa Terada desu.

④ か nojo wa niju う kyu う sa い desu.

Hiragana さしすせそ

さ Hiragana Nuevo あたらしい ひらがな

Asegúrate de que te aprendas el orden correcto de los trazos, ya que esto te permitirá escribir los caracteres más rápido y legibles.

さ Varios Estilos スタイル

Observa los varios posibles estilos de hiragana en esta lección. Escribe cada símbolo lo más claro que puedas, y después compáralo con las diferentes versiones a continuación.

さ Puntos de Escritura かくポイント

❏ Las diferentes versiones de さ (sa) y そ (so)

Quizás has notado en la sección de *Varios Estilos* de esta lección que hay dos versiones de *sa* y *so*. Puedes escribir cualquier versión que gustes, mientras sea legible.

Diferentes versiones de さ (sa)	
さ	Esta versión tiene tres trazos y es muy común al escribir. Mucha gente japonesa usa esta versión al escribir.
さ	Esta versión ha combinado el segundo y tercer trazo en uno solo. Es muy común en el texto impreso.

Diferentes versiones de そ (so)	
そ	Esta versión tiene dos trazos y es común al escribir. Mucha gente japonesa usa esta versión al escribir.
そ	Esta versión es similar a la de arriba excepto que el primero y segundo trazo se están tocando.
そ	Esta versión solo tiene un trazo y es muy común el texto impreso. También es válido utilizarla para escribir.

さ　Práctica de escritura れんしゅう

Para practicar el orden de trazo correcto, primero traza los siguientes caracteres de color gris claro, y después escribe cada carácter seis veces para practicar.

sa	さ	さ						
shi	し	し						
su	す	す						
se	せ	せ						
so	そ	そ						

za	ざ	ざ						
ji	じ	じ						
zu	ず	ず						
ze	ぜ	ぜ						
zo	ぞ	ぞ						

さ Práctica de Palabras ことばの れんしゅう

Escribe el hiragana correcto en los espacios para cada palabra.

1. mura___き (morado)
    　　　sa

2. ___ ___ (apuntar, señalar)
    sa su

3. ___ro (blanco)
    shi

4. ___tsugyo う (graduación)
    so

5. ___ ___ (sushi)
    su shi

6. ___か n (tiempo)
    ji

7. ___ru (mono)
    sa

8. お___い___n (abuelo)
    　ji　　sa

9. あ___ (sudor)
    　se

10. あ n___n (seguridad)
    　　ze

11. ___う (elefante)
    zo

12. げ n___い (actualmente)
    　　za

さ Palabras Que Puedes Escribir かける ことば

Escribe las siguientes palabras utilizando el hiragana que acabas de aprender. Esta es una gran manera de aumentar tu vocabulario de japonés.

しか
Venado

し	か								

すし
Sushi

す	し								

すずしい
Fresco

す	ず	し	い						

おそい
lento/tarde

お	そ	い									

あし
pierna/pie

あ	し										

いす
Silla

い	す										

すき
Gustar

す	き										

すうじ
Número

す	う	じ									

すいか
Sandía

す	い	か									

せかい
Mundo

せ	か	い									

かず
Números

か	ず										

うし
Vaca

う	し										

さ Hiragana De Uso Diario にちじょうの ことば

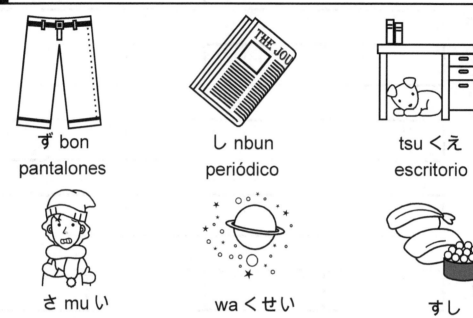

ず bon
pantalones

し nbun
periódico

tsu くえ
escritorio

さ mu い
frío

wa くせい
planeta

すし
sushi

さ Conectando El Hiragana ひらがな マッチング

Conecta los puntos entre cada hiragana y el ro-maji correcto.

す・	・za
し・	・su
え・	・ku
こ・	・shi
ざ・	・i
あ・	・e
く・	・ko
い	・a

3   Actividades De Lección

❑ Pregunta y respuesta 1

Responde a las siguientes preguntas viendo las siguientes fotos.

1. Dare de すか?

Respuesta: _____

2. Jenny さ n de すか?

Respuesta: _____

3. Dare no tori de すか?

Respuesta: _____

4. Dare no おかあさ n de すか?

Respuesta: _____

❑ Pregunta y respuesta 2

Responde las siguientes preguntas en japonés como si te las estuvieran haciendo
directamente a ti. Usa el hiragana que has aprendido al escribir tus respuestas.

1.   あ nata no nama え wa nan de すか。

2. お ba あさ n no nama え wa nan de すか。

_____

3. おかあさ n no く ruma wa nan de すか。

_____

4. おじいさ n wa nan さい de すか。

_____

5. お to うさ n wa nan さい de すか。

_____

❑ Traducción de Japonés

Traduce la siguiente conversación al español.

1.
こ baya し さ n: こ re wa dare no hon de すか。
Na か ya さ n:　　Wa か rima せ n, tabun Tana かさ n no hon de す.
こ baya し さ n:
Na か ya さ n:

❑ Traducción de Español

Traduce la siguiente conversación al japonés.

1.	
Terada san:	¿Es usted el Sr. Tanaka?
Yamada san:	No, yo soy Yamada. ¿Quién es el Sr. Tanaka?
Terada san:	El Sr. Tanaka es el amigo de la Sra. Kobayashi.
Terada san:	
Yamada san:	
Terada san:	

❏ Preguntas de comprensión de lectura

Responde las siguientes preguntas acerca de la comprensión de lectura en esta lección.

1. Honda さ n no か nojo no nama え wa Tana かさ n de すか。

   _____

2. Terada さ n wa dare de すか。

   _____

3. Terada さ n wa Yamada さ n no か nojo de すか。

   _____

4. Terada さ n wa nan さい de すか。

   _____

❏ ¿Qué dirías tú?

¿Qué dirías tú en las siguientes situaciones?

1. cuando te despides de alguien

   _____

2. cuando saludas a alguien en la mañana

   _____

3. cuando no sabes la respuesta a una pregunta

   _____

4. cuando quieres darle gracias a alguien

   _____

❏ Diálogo Corto

El Sr. Yoshida ve a la Sra. Ueki en la calle y empiezan una conversación.

Yo し da さ n: うえきさ n, こ nnichiwa.

うえきさ n: こ nnichiwa, Yo し da さ n.

おhi さし buri de す。

おto うさ n wa げ n き de す か?

Yo し da さ n: Ha い, げ n き de す。
(observando la bolsa grande que trae Ueki san)
そ re wa nan de す か?

うえきさ n: こ re wa kamera de す。

Wata し no shumi de す。

Yo し da さ n: すごい de す ne.

うえきさ n: Yo し da さ n no shumi wa nan de す か?

Yo し da さ n: Wata し no shumi wa gorufu de す。

Palabras Nuevas y expresiones en el diálogo

Progresivo	Español
_____wa げ n き de す か。	¿ _____ está saludable/bien? (¿Estás bien?)
げ n き de す。	Están bien / Estoy bien.
kamera	cámara
shumi	pasatiempo
すごい de す ne。	Qué bien. / Grandioso.
gorufu	golf

❏ Actividades De Diálogo Corto

Practica leer el diálogo con una pareja.
Cambia el diálogo para agregar tus propios pasatiempos (shumi).

3 Ejercicios ドリル

Traduce los siguientes enunciados. Si no estás seguro qué significan, te recomendamos que repases la lección hasta este punto antes de continuar.

1. こ re wa あ nata no ne こ de すか。
2. あ nata no tomodachi no nama え wa nan de すか。
3. いいえ、chi がい ma す。
4. そ re wa dare no く ruma de すか。
5. Tana かさ n wa wata し no tomodachi de す。

3 Construyendo Enunciados ぶんのつくり

En cada lección iremos construyendo enunciados basados en ejemplos anteriores. Observa cómo crece y se transforma mientras introducimos más y más conceptos. En esta lección aprendimos conceptos de posesión. Observemos el siguiente nuevo enunciado:

> こ re wa あ nata no おかあさ n no く ruma de すか。
> **¿Es este el auto de tu mamá?**

Compara como ha cambiado el enunciado desde las lecciones pasadas:

Lección 1:   Nan de すか。
            ¿Qué es?

Lección 2:   こ re wa nan de すか。
            ¿Qué es esto?

Grupos de Vocabulario

E   Animales

Progresivo	Kana	Kanji	Español
い nu	いぬ	犬	perro
ne こ	ねこ	猫	gato
ぞう	ぞう	象	elefante
う ma	うま	馬	caballo
うさぎ	うさぎ	兎	conejo
panda	パンダ	パンダ	panda
ne ず mi	ねずみ	鼠	ratón
raion	ライオン	ライオン	león
き rin	きりん	麒麟	jirafa
うし	うし	牛	vaca
さ ru	さる	猿	mono
hitsu じ	ひつじ	羊	oveja
き tsune	きつね	狐	zorro
く ma	くま	熊	oso

Lección
4
Nivel ①

Colores y Adjetivos
Haciendo listas

4 Acerca De Esta Lección このレッスンについて

Antes De La Lección

1. Poder escribir y leer さしすせそ, ざじずぜぞ .
2. Entender cómo usar la palabra interrogatoria *dare* y las partículas *no* y *ga.*
3. Repasar el grupo de vocabulario E.

Objetivos

1. Aprender a cómo usar las formas sustantivo y adjetivo de los colores.
2. Aprender a usar la versión japonesa de "y".

De Los Maestros

1. Memoriza los colores.
2. Asegúrate de que entiendas los diferentes tipos de adjetivos introducidos en esta lección.

4 Palabras Nuevas あたらしい ことば

Progresivo	Kana	Kanji	Español
nani い ro	なにいろ	何色	¿Qué color?
い ro	いろ	色	color
あか	あか	赤	rojo
あお	あお	青	azul
く ro	くろ	黒	negro
し ro	しろ	白	blanco
cha い ro	ちゃいろ	茶色	café
き い ro	きいろ	黄色	amarillo
orenji	オレンジ	オレンジ	anaranjado

mura さき	むらさき	紫	morado
pinku	ピンク	ピンク	rosa
guree	グレー	グレー	gris
ha いい ro	はいいろ	灰色	gris
mi ずい ro	みずいろ	水色	azul claro
midori	みどり	緑	verde
き n い ro	きんいろ	金色	dorado
ぎ n い ro	ぎんいろ	銀色	plateado
to う me い	とうめい	透明	transparente

4 Frases Nuevas あたらしい かいわ

1. Disculpe. / Lo siento.   す mima せ n.
2. Lo siento. / Por favor perdóneme.   ご men na さい。

3. ¿Qué es en japonés?   Nihon ご de nan de すか。
4. ¿Qué es en inglés?   えいご de nan de すか。
5. ¿Qué es en español?   supein ご de nan de すか。

6. Es _____ en inglés.   えいご de _____ です。
7. Es _____ en japonés.   Nihon ご de _____ です。
8. Es _____ en español.   supein ご de _____ です。

4 Clip Cultural: ¿El Verde es Azul?

¿Manzanas azules?

En veces los japoneses se refieren a las cosas que nosotros vemos "verde" como "azules". Por ejemplo, en Japón, cuando las verduras no están maduras se les dice azul, no verdes. Una manzana verde no es verde – es azul. Los semáforos verdes son "azules" aunque las luces que utilizan son del mismo color que en nuestros países de habla hispana. Así que mantén en mente que cuando alguien te grite, "¡Oye, muévete! ¡Esta azul el semáforo!"

Hay una prefectura en la parte noreste de la isla principal de Japón de Honshuu llamada Aomori, que literalmente significa "bosque azul." Así que ahora estarás pensando, "¿De qué color es el cielo en Japón? ¡Azul, por supuesto!

4   Gramática ぶんぽう

❏ La partícula *to*

To es el equivalente de "y" en el español. Debe de usarse entre cada palabra en una lista. *To* no puede ser utilizada para conectar enunciados.

Ejemplos

1. あお <u>to</u> mura さき <u>to</u> pinku   azul, morado, y rosa.
2. wata し <u>to</u> あ nata <u>to</u> tana かさ n   yo, tú y el Sr. Tanaka
3. い nu <u>to</u> ne こ <u>to</u> う ma <u>to</u> buta   un perro, un gato, un caballo, y un cerdo

Enunciados de Ejemplo

1. Wata し no く ruma wa く ro to ぎ n い ro です。
   Mi auto es negro y plateado.

2. Tomodachi no ne こ wa cha い ro to し ro です。
   El gato de mi amigo es café y blanco.

rinご **to** すいか **to** banana   いぬ **to** neこ **to** うさぎ

❏ Convirtiendo sustantivos en adjetivos usando *no*

Hasta ahora, *no* ha sido utilizado para indicar posesión. *No* también es usado para crear "adjetivos sustantivo" o a lo que llamamos "adjetivos *no*". Cuando *no* es agregado después de un sustantivo, ese sustantivo se convierte en un adjetivo. El sustantivo que aparece antes de *no* describe la palabra que viene después de *no*.

> **[sustantivo 1] + no + [sustantivo 2]**

Ejemplos

1. Comida japonesa
   に hon (Japón)   +   た bemono (comida)   =   に hon <u>no</u> た bemono

2. Autos americanos
   Amerika (América)   +   く ruma   =   Amerika no く ruma

3. Libro japonés
   に hon ご (Idioma japonés)   +   hon (libro)   =   に hon ご <u>no</u> hon

❑ Usando colores para describir

En esta lección, introducimos a los colores en su forma de sustantivo. Para convertir a un color en adjetivo debes conectar las palabras con *no*. Para decir "auto gris" en japonés, dirías **mi と ri no く ruma**. Este tipo de adjetivo se llama adjetivo *no*. Con la forma sustantivo de los colores NO PUEDES decir, por ejemplo **mi と ri く ruma** para decir "auto verde".

Español	incorrecto	correcto
¿Qué color de auto?	nani い く ruma	nani い ro <u>no</u> く ruma
conejo blanco	shiro うさぎ	shiro <u>no</u> うさぎ
mono café	cha い ro さ ru	cha い ro <u>no</u> さ ru
oso negro	く ro く ma	く ro <u>no</u> く ma
almohada verde	midori ma く ra	midori <u>no</u> ma く ra

Enunciados de Ejemplo

1. あか no く ruma wa あ nata no de す ka.   ¿es tuyo el auto rojo?
2. Dare no pinku no いえ de すか。   ¿de quién es la casa rosa?
3. Pinku no ma く ra wa bo く no de す。   La almohada rosa es mía.

❑ adjetivos い

Algunos de los colores también tiene adjetivos de forma い. Un adjetivo い siempre termina con い, también jamás va a requerir de *no* para describir a otras palabras – es simplemente colocada en frente de la palabra que va a modificar. Solo los siguientes colores tienen adjetivos de forma い:

4   Formas de Adjetivos de Color

Progresivo	Kana	Kanji	Español
あかい	あかい	赤い	rojo
あおい	あおい	青い	azul
く ro い	くろい	黒い	negro
し ro い	しろい	白い	blanco
cha い ro い	ちゃいろい	茶色い	café
き い ro い	きいろい	黄色い	amarillo

Ejemplos

1. あかい く ruma   auto <u>rojo</u>
2. あおい pen   pluma <u>azul</u>
3. <u>cha い ro い</u> ne こ   gato <u>café</u>
4. <u>し ro い</u> い nu   perro <u>blanco</u>

El usar la versión del adjetivo い o adjetivo **no** dependerá de tu estilo. Solo recuerda que no todos los colores tienen una versión de adjetivo い.

Español	adjetivo い	adjetivo の
jirafa amarilla	<u>き い ro い</u> き rin	<u>き い ro no</u> き rin
auto azul	<u>あお い</u> く ruma	<u>あお no</u> く ruma
caballo café	<u>cha い ro い</u> う ma	<u>cha い ro no</u> う ma
fruta roja	<u>あか い</u> furu-tsu	<u>あか no</u> furu-tsu

4 Preguntas Y Respuestas しつもんと こたえ E→J

1. **¿De qué color es?**
    Es negro.
    Es rosa.
    Es morado y anaranjado.

    Nani い ro de すか。
    く ro de す。
    Pinku de す。
    Mura さき to orenji de す。

2. **¿De qué color es el auto?**
    Es un auto verde.
    Es un auto rojo y azul.
    Es un auto amarillo.

    Nani い ro no く ruma de すか。
    Midori no く ruma de す。
    あか to あお no く ruma de す。
    き い ro no く ruma de す。

3. **¿Es azul tu cepillo de dientes?**
    No, es blanco el mío.
    No, es amarillo el mío.

    あ nata no haburashi wa あお de すか。
    いいえ、wa たし no wa し ro de す。
    いいえ、wa たし no wa き い ro de す。

4. **¿De qué color es esto?**
    Esto es azul.
    Es morado.

    こ re wa nani い ro de すか。
    こ re wa あお de す。
    Mura さき de す。

5. **¿Es blanco y negro tu gato?**
    No, es café y gris.

    あ nata no ne こ wa く ro to し ro de すか。
    いいえ、cha い ro to guree de す。

6. ¿De quién es el auto plateado?   ぎ n い ro no く ruma wa dare no de すか。
    Quizás es de Yoshida san.   Tabun Yo し da さ n no de す。

4 Preguntas Y Respuestas しつもんと こたえ J→E

1. **あか de すか。**   **¿Es rojo?**
    Ha い、そう de す。   Si, lo es.
    いいえ、chi がい ma す。   No, no lo es.

2. **Mo う fu wa nani い ro de すか。**   **¿De qué color es la cobija?**
    し ro い de す。   Es blanca.
    あかい de す。   Es roja.
    あお to midori de す。   Es azul o verde.

3. **Ma く ra wa nani い ro de すか。**   **¿De qué color es la almohada?**
    Ma く ra wa midori de す。   La almohada es verde.
    Mura さき de す。   Es morada.
    く ro de す。   Es negra.
    Wa か rima せ n.   No sé.

4. **Koppu wa cha い ro de すか。**   **¿Es café el vaso?**
    Ha い、そう de す。   Si, lo es.
    いいえ、chi がい ma す。   No, no lo es.
    いいえ、きい ro de す。   No, es amarillo.

5. **Cha い ro no う ma wa あ nata no de すか。** **¿Es tuyo el caballo café?**
    いいえ、し ro no う ma de す。   No, es el caballo blanco.

6. **あ nata no おかあさ n no うさぎ wa**   **¿De qué color es el conejo de tu**
    nani い ro de すか。   **mamá?**
    Wa か rima せ n.   No sé.
    し ro to cha い ro de す。   Es blanco y café.

4 | Comprensión de lectura どっかい

Lee los siguientes enunciados. Usa la información para contestar las preguntas de la comprensión de lectura más tarde en esta lección.

① Jun こさ n wa niju うごさい de す。

② か nojo no お to うさ n wa ご ju う ni さい de す。

③ お to うさ n no nama え wa Yo し hiro de す。

④ Jun こさ n to Jun こさ n no お to うさ n no く ruma wa Honda de す。

⑤ お to うさ n no く ruma wa mura さき de す。

⑥ Jun こさ n no く ruma wa pinku to あお de す。

Hiragana たちつてと

た Hiragana Nuevo あたらしい ひらがな

Asegúrate de que te aprendas el orden correcto de los trazos, ya que esto te permitirá escribir los caracteres más rápido y legibles.

た Varios Estilos スタイル

Observa los varios posibles estilos de hiragana en esta lección. Escribe cada símbolo lo más claro que puedas, y después compáralo con las diferentes versiones a continuación.

たちつてと　たちつてと　たちつてと　たちつてと　たちつてと

だぢづでど　だぢづでど　だぢづでど　だぢづでど　だぢづでど

た Puntos de Escritura かくポイント

❏ Las consonantes dobles

Las consonantes dobles (*kk,pp,tt,cch*) son estresadas con una breve pausa antes de la consonante. Para representarlas en el hiragana, se utiliza una pequeña つ.* La pequeña つ siempre es colocada en frente del hiragana que se ocupa duplicar.

Ejemplos

escuela	ga<u>kk</u>ou	がっこう
revista	za<u>ss</u>hi	ざっし
estampilla	ki<u>tt</u>e	きって

* Asegúrate de escribir la つ más pequeña de lo común para evitar confundirla con la つ normal.

❏ El análisis de la consonante doble

Si observas la onda de sonido de una palabra que tiene doble consonante, veras una pausa visible antes de la consonante. Observa los siguientes dos ejemplos:

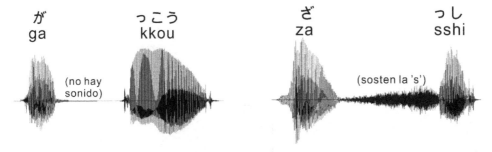

が ga — っこう kkou (no hay sonido)

ざ za — っし sshi (sosten la 's')

❏ ¿Qué versión de *zu* y *ji* debo utilizar?

Hay dos versiones de *zu* y *ji*. El primer grupo está en la Lección 3 y el segundo grupo lo enseñamos en esta lección. ず y じ de la Lección 3 son las versiones más utilizadas. づ y ぢ solo son utilizadas en unas cuantas palabras como は **na** ぢ (hemorragia nasal) y つづく (continuar).

A medida de que aprendas más vocabulario, pon atención al hiragana que se utiliza cuando veas estos sonidos. Si no estás seguro de que versión se debe utilizar, intenta usar ず y じ, así estarás en lo cierto el 90% de las veces.

た　Práctica de escritura れんしゅう

Para practicar el orden de trazo correcto, primero traza los siguientes caracteres de color gris claro, y después escribe cada carácter seis veces para practicar.

ta	た	た						
chi	ち	ち						
tsu	つ	つ						
te	て	て						
to	と	と						

da	だ	だ						
ji	ぢ	ぢ						
zu	づ	づ						
de	で	で						
do	ど	ど						

た Práctica de Palabras ことばの れんしゅう

Escribe el hiragana correcto en los espacios para cada palabra.

1. wa___し (yo)
   ta

2. ___ ___ (gratis, sin costo)
   ta   da

3. ___ ___ (pararse)
   ta   tsu

4. ___ ___ぜ n (de repente)
   to   tsu

5. ___ ___mu (encogerse)
   chi   ji

6. ___ ___ ___う (ayudar)
   te   tsu   da

7. い___い (me duele, ¡ay!)
   ta

8. お ___うさ n (padre)
   to

9. hana___ (hemorragia nasal)
   ji

10. いき___mari (callejón sin salida)
    do

11. ___nwa (teléfono)
    de

12. ___ ___く (llegar a, llegar)
    to   do

た Palabras Que Puedes Escribir かける ことば

Escribe las siguientes palabras utilizando el hiragana que acabas de aprender. Esta es una gran manera de aumentar tu vocabulario de japonés.

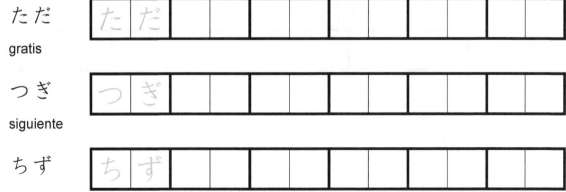

ただ
gratis

つぎ
siguiente

ちず
mapa

かど
esquina
| か | ど | | | | | | | | | |

ちち
mi padre
| ち | ち | | | | | | | | | |

たつ
pararse
| た | つ | | | | | | | | | |

ざっし
revista
| ざ | っ | し | | | | | | | | |

きって
estampilla
| き | っ | て | | | | | | | | |

あつい
caliente
| あ | つ | い | | | | | | | | |

たいいく
edu.física
| た | い | い | く | | | | | | | |

つづき
continuacion
| つ | づ | き | | | | | | | | |

とおい
lejos
| と | お | い | | | | | | | | |

た　Hiragana De Uso Diario にちじょうの ことば

で n し renji
horno microondas

hon だ na
librero

fu うとう
sobre

て
mano

た ma ご
huevos

くつした
calcetines

た　Conectando El Hiragana ひらがな マッチング

Conecta los puntos entre cada hiragana y el ro-maji correcto.

て ・　　　・ tsu
つ ・　　　・ da
さ ・　　　・ chi
ち ・　　　・ te
す ・　　　・ u
ぢ ・　　　・ ji
う ・　　　・ sa
だ ・　　　・ su

4   Actividades De Lección

❑ Pregunta y respuesta 1

Responde las siguientes preguntas de japonés observando las imágenes.

1. こ re wa nihon ごで nan ですか？

Respuesta: _____

2. こ re wa nihon ごで nan ですか？

Respuesta: _____

3. こ re wa えいごで nan ですか？

Respuesta: _____

4. こ re wa えいごで nan ですか？

Respuesta: _____

❑ Pregunta y respuesta 2

Responde las siguientes preguntas en japonés como si te las estuvieran haciendo directamente a ti. Usa el hiragana que has aprendido al escribir tus respuestas.

1. あ na た no く ruma wa nani い ro ですか。

_____

2. あ na た no haburashi wa nani い ro ですか。

_____

3. Panda wa nani い ro ですか 。

_____

4. Banana wa nani い ro ですか 。

_____

5. ぞう wa gure– ですか 。

_____

❑ ¿Qué dirías tú?

¿Qué dirías tú en las siguientes situaciones?

1. Después de que pisaste el pie de alguien por equivocación

_____

2. Cuando quieres saber de qué color es el perro de alguien

_____

3. Cuando alguien te pregunta si eres el Sr. Tanaka

_____

4. Cuando quieres saber cómo decir algo en japonés

_____

❏ Traducción de Japonés

Traduce la siguiente conversación al español. Después, en el espacio después del numero escribe el tipo de conversación que piensas que se está llevando a cabo y si es formal, informal o mixto.

1.
たかださ n: 　く ruma wa nani い ro ですか。
かどたさ n: 　Wa たし no くruma ですか。
たかださ n: 　Ha い。
かどたさ n: 　Mura さきです。あ na た no くruma wa…？
たかださ n: 　Wa たし no くruma wa ぎ n い ro と き n い ro です。
たかださ n:
かどたさ n:
たかださ n:
かどたさ n:
たかださ n:

❏ Preguntas de comprensión de lectura

Responde las siguientes preguntas acerca de la comprensión de lectura en esta lección.

1. Jun こさ n no くruma wa nani い ro ですか。

_____

2. だ re no くruma が Honda ですか。

_____

3. だ re no くruma が mura さき ですか。

_____

4. Jun こさ n wa nan さい ですか。

_____

5. だ re が ご ju う ni さい ですか。

_____

❑ Diálogo Corto

El Sr. Tanaka y el Sr. Kobayashi están hablando de sus autos.

> こ **baya** し **さ** n:　た na か さ n の く ruma wa nan ですか。
>
> た **na** か **さ** n:　Wa たし の ①<u>く ruma</u> wa ②<u>Nissan</u> です。
> あ na た no wa?
>
> こ **baya** し **さ** n:　Wa たし の ①<u>く ruma</u> wa ③<u>Mitsubishi</u> です。
> い ro wa ④<u>あか</u>です。
>
> た **na** か **さ** n:　そうですか。
> Wa たし の ①<u>く ruma</u> wa ⑤<u>し ro</u> です。

❑ Actividad De Diálogo Corto

Practica leer los diálogos previos con una pareja

Substituye ①~⑤ usando las palabras a continuación y vuelve a practicar la conversación.

> 1. ① Perro
>   ② (elige tú)
>   ③ (elige tú)
>   ④ Café
>   ⑤ Blanco y negro

> 2. ① Gato
>   ② (tú eliges)
>   ③ (tú eliges)
>   ④ Gris
>   ⑤ Café y blanco

> 3. ① Teléfono celular (けいたいで nwa)
>   ② (tú eliges)
>   ③ (tú eliges)
>   ④ Rojo
>   ⑤ Azul

❑ Más Palabras Que Puedes Escribir

Deberías practicar las siguientes palabras por lo menos cinco veces cada una. No solo estarás practicando el hiragana nuevo que aprendiste, sino que también aprenderás palabras nuevas.

えきたい	líquido, fluido	ちえ	sabiduría
ちいき	región	ていあつ	baja presión
こうあつ	presión alta	げっこう	luz de luna

---

4   Ejercicios ドリル

Traduce los siguientes enunciados. Si no sabes qué significan te recomendamos que revises la lección hasta este punto antes de continuar.

1. す mima せ n.
2. Nihon ご で nan ですか。
3. Nani い ro ですか。
4. Wata し no く ruma wa あか to く ro です。
5. た na か さ n no く ruma wa あおい Toyota です。

---

4   Construyendo Enunciados ぶんのつくり

En cada lección iremos construyendo enunciados basados en ejemplos anteriores. Observa cómo crece y se transforma mientras introducimos más y más conceptos.

> あ na た no おかあさ n no く ruma wa し ro い ですか。
> **¿Es blanco el auto de tu mamá?**

Compara como ha cambiado el enunciado desde las lecciones anteriores:

Lección 1:   Nan ですか。
              ¿Qué es?

Lección 2:   こ re wa nan ですか。
              ¿Qué es esto?

Lección 3:   こ re wa あ na た no おかあさ n no く ruma ですか。
              ¿Es este el auto de tú mama?

Grupos de Vocabulario

F cosas alrededor de la casa

Progresivo	Kana	Kanji	Español
koppu	コップ	コップ	taza; vaso
supu–n	スプーン	スプーン	cuchara
fo–ku	フォーク	フォーク	tenedor
(お) さ ra	(お) さら	(お) 皿	plato
(お) chawan	(お) ちゃわん	(お) 茶わん	tazón
(お) ha し	(お) はし	(お) 箸	palillos
re いぞうこ	れいぞうこ	冷蔵庫	refrigerador
とけい	とけい	時計	reloj
terebi	テレビ	テレビ	televisión
zubon	ズボン	ズボン	pantalones
くつ	くつ	靴	zapatos
し nbun	しんぶん	新聞	periódico

Lección

5

Nivel ①

Gustos y Disgustos

Negando sustantivos

---

5 Acerca De Esta Lección このレッスンについて

Antes De La Lección

1. Poder escribir y leer たちつてと, だぢづでど.
2. Entender cómo usar la palabra interrogatoria **nani** い **ro** y la partícula **to**.
3. Repasar el grupo de vocabulario F.

Objetivos

1. Aprender a decir que algo te gusta o disgusta.
2. Aprender a utilizar jana い.

De los maestros

1. Aprenderte すき, き ra い y jana い ya que serán utilizadas mucho en conversación diaria.

---

5 Palabras Nuevas あたらしい ことば

Progresivo	Kana	Kanji	Español
すき	すき	好き	gustar
き ra い	きらい	嫌い	disgustar, odiar
だいすき	だいすき	大好き	gustar mucho
だいき ra い	だいきらい	大嫌い	disgustar mucho
さとこ	さとこ	聡子	el nombre de una niña
Yo しお	よしお	良夫	el nombre de un niño
かい mono	かいもの	買い物	ir de compras
か n こう	かんこう	観光	turismo
ryo こう	りょこう	旅行	viaje
shu くだい	しゅくだい	宿題	tarea
しごと	しごと	仕事	trabajo

さか na	さかな	魚	pez, pescado
chikin	チキン	チキン	pollo
nihon ご	にほんご	日本語	Lenguaje japonés
ja あ	じゃあ	じゃあ	entonces, bien…

5 Adjetivos Nuevos あたらしい けいようし

Progresivo	Kana	Kanji	Español
おいしい	おいしい	美味しい	sabe bueno, delicioso
おいしく na い	おいしくない	美味しくない	no sabe bueno

5 Gramática ぶんぽう

❑ La partícula が con すき y き ra い

Para decir que te gusta o desagrada algo con すき (gustar) y き ra い (disgustar), la partícula de sujeto が es usada después de la cosa que se gusta o desagrada.

> **[sustantivo] が すき / きらいです。**
> **gusta / disgusta [sustantivo]**

Ejemplos

1. Wa たし wa いちごが すきです。	Me gustan las fresas.
2. Wa たし wa うさぎが すきです。	Me gustan los conejos.
3. Wa たし wa すいかが き ra いです。	Me desagradan las sandías.
4. Wa たし wa い nu が き ra いです。	Me desagradan los perros.
5. Wa たし wa chikin が だいすきです。	Me gusta mucho el pollo.
6. Wa たし wa さか na が だいすきです。	Me gusta mucho el pescado.
7. Wa たし wa retasu が だいき ra いです。	Me desagrada la lechuga.
8. Wa たし wa かい mono が だいき ra いです。	Me desagrada ir de compras.

❑ Usando jana い para negar las cosas

Jana い significa "no" o "no es" dependiendo del contexto del enunciado. **Jana** い es la versión informal de **ja** あ **rima** せ **n**、**de wa** あ **rima** せ **n**、o de で **wa na** い aunque la versión informal es comúnmente más usada en conversación de uso diario. **Jana** い por si misma es informal, pero puede hacerse formal agregando です. Siempre debe seguir después de la palabra que está modificando.

> **[palabra] jana いです。**
> **No es un(a) [palabra].**

Ejemplos

1.	あか <u>jana い</u> です。	<u>No</u> es rojo.
2.	Wa たし <u>jana い</u> です。	<u>No</u> soy yo.
3.	た na かさ n <u>jana い</u> です。	<u>No</u> es el Sr. Tanaka.
4.	そ re <u>jana い</u> です。	<u>No</u> es ese.
5.	すき <u>jana い</u> です。	<u>No</u> me gusta.
6.	き ra い <u>jana い</u> です。	<u>No</u> me disgusta.

❑ "El que es"...

Cuando la partícula **no** viene después de la versión sustantivo de un color o después de un adjetivo, su significado se transforma para significar en "el que es...".

Ejemplos

1.	あか no	(el /el que es) rojo
2.	cha い ro no	(el /el que es) café
3.	おいしい no	(el /el que) sabe bueno
4.	nihon no	(el /el que es) japonés
5.	mura さきと きい ro no	(el /el que es) morado y amarillo

Ejemplos de Preguntas Y Respuestas

1. ど re が すきですか。　　　　　　¿Cuál te gusta?
   あか <u>no</u> が すきです。　　　　　Me gusta <u>el que es</u> rojo.
   おいしい <u>no</u> が すきです。　　　Me gusta <u>el que</u> sabe bueno.

2. あ na た no ne こ wa ど re ですか。　¿Cuál es tu gato?
   Cha い ro <u>no</u> です。　　　　　　<u>El que</u> es café.
   く ro と orenji <u>no</u> です。　　　　<u>El que</u> es negro y anaranjado.

❑ Usando *ja* あ para decir "Entonces…"

Ja あ es una palabra muy utilizada en el japonés. Se dice al principio de un enunciado y normalmente cuando haces una pregunta después de otra.

Conversación de Ejemplo

1. A: Ne こが すきですか。　　　　　　　　　¿Te gustan los gatos?
    B: いいえ、だいき ra い です。　　　　　　¡No, los odio!
    A: Ja あ、い nu が すき ですか。　　　　　Entonces, ¿te gustan los perros?
    B: はい、だいすき です。　　　　　　　　　¡Sí, me gustan (mucho)!

2. A: あ re が あ na た no く ruma ですか。　　¿Es aquel tu auto?
    B: いいえ、ちがい ma す。　　　　　　　　No, no lo es.
    A: Ja あ、ど re ですか。　　　　　　　　　Entonces, ¿cuál es?
    B: あ re です。　　　　　　　　　　　　　Es aquel.

3. A: あかが すきですか。　　　　　　　　　¿Te gusta el rojo?
    B: いいえ、あかが き ra い です。　　　　No, me desagrada el rojo.
    A: Ja あ、nani い ro が すきですか。　　　Entonces, ¿qué color te gusta?
    B: Mi ど ri と mura さきが すきです。　　　Me gusta el verde y morado.

---

5 Hablando Naturalmente しぜんに はなすこと

❑ Usando き ra い contra すき jana い

Cuando hablas en japonés, deberás tener cuidado cuando usas **き ra い** y **だいき ra い**. En la cultura japonesa estas palabras suenan un poco cruel. Si no te gusta algo, entonces deberás usar **すき jana い** en vez de **き ra い** en tus conversaciones diarias.

5 Preguntas Y Respuestas しつもんと こたえ E→J

1. **¿Te gusta?**　　　　　　　　　　　　**すきですか。**
    Si, me gusta.　　　　　　　　　　　　　Ha い、すきです。
    No, no me gusta.　　　　　　　　　　　いいえ、すき jana いです。
    Si, me gusta mucho.　　　　　　　　　Ha い、だいすきです。

2. **¿Te desagrada?**　　　　　　　　　　**き ra い ですか。**
    Si, me desagrada.　　　　　　　　　　Ha い、き ra い です。
    No, no me desagrada.　　　　　　　　いいえ、き ra い jana い です。
    No, me gusta.　　　　　　　　　　　　いいえ、すきです。

3. **¿Qué te gusta?**   **Nani が すき ですか。**
   Me gusta ir de compras.   かい mono が すきです。
   Me gusta viajar.   Ryo こうが すきです。
   Me gusta el japonés (idioma).   Nihon ごが すきです。

4. **¿Qué te desagrada?**   **Nani が き ra いですか。**
   Me desagrada la tarea.   Shu くだいが き ra いです。
   Me desagrada el trabajo.   しごとが き ra いです。
   Me desagrada el pescado.   さか naが き ra いです。

5. **¿Cuál te gusta? (dos cosas)**   **どっちが すきですか。**
   Me gusta el rojo.   あかのが すきです。
   Me gusta el verde.   Mi ど ri no が すきです。
   Me gusta este.   こっちが すきです。

5 Preguntas Y Respuestas しつもんと こたえ J→E

1. **さか na が すき ですか。**   **¿Te gusta el pescado?**
   Ha い、さか naが すきです。   Si, me gusta el pescado.
   いいえ、さか naが き ra いです。   No, me desagrada el pescado.
   Ha い、さか naが だいすきです。   Si, me gusta mucho el pescado.
   いいえ、すき jana いです。   No, no me gusta.
   いいえ、おいしく na い です。   No, no sabe bueno.

2. **Wa たし no く ruma が すきですか。**   **¿Te gusta mi auto?**
   Ha い だいすき です。   Si, me gusta mucho.
   いいえ、だいき ra い です。   No, me desagrada mucho.

3. **Banana が き ra い ですか。**   **¿Te desagradan los plátanos?**
   Ha い、き ra い です。   Si, me desagradan.
   いいえ、banana が すきです。   No, me gustan los plátanos.
   Banana が き ra い jana い です。   No me desagradan los plátanos.

4. **Mi ずが すきですか。**   **¿Te gusta el agua?**
   Ha い そうです。   So, me gusta.
   いいえ、すき jana いです。   No, no me gusta.

5. **Nani が き ra いですか。**   **¿Qué te desagrada?**
   Cha い ro い banana が だいき ra いです。   Me gustan mucho los plátanos café.
   かい mono が き ra いです。   Me desagrada ir de compras.

5 Comprensión De Lectura どっかい

Lee los siguientes enunciados. Usa la información para contestar las preguntas de la comprensión de lectura más tarde en esta lección.

① さとこさ n no か re no nama え wa た na か yo しお です。

② さとこさ n wa 25 さい です。

③ Yo しおさ n wa 27 さい です。

④ さとこさ n wa かい mono が だいすきです。

⑤ Yo しおさ n wa かい mono が すき jana い です。

⑥ Yo しおさ n wa しごとが すきです。

⑦ さとこさ n wa しごとが き ra いです。

⑧ さとこさ n と yo しおさ n wa ryo こうが だいすきです。

Hiragana なにぬねの

な Hiragana Nuevo あたらしい ひらがな

Asegúrate de que te aprendas el orden correcto ya que esto significara que podrás escribir caracteres más legibles cuando escribas rápido.

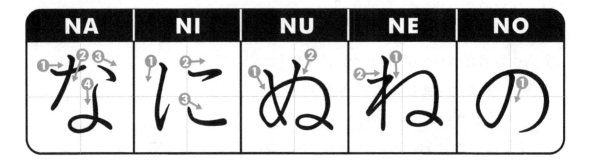

な Varios Estilos スタイル

Observa los varios posibles estilos de hiragana en esta lección. Escribe cada símbolo lo más claro que puedas, y después compáralo con las diferentes versiones a continuación.

なにぬねの
なにぬねの
なにぬねの
なにぬねの
なにぬねの

な Práctica de Escritura れんしゅう

Para practicar el orden de trazo correcto, primero traza los siguientes caracteres de color gris claro, y después escribe cada carácter seis veces para practicar.

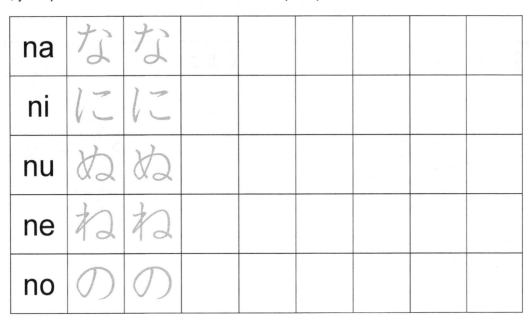

na	な	な					
ni	に	に					
nu	ぬ	ぬ					
ne	ね	ね					
no	の	の					

な Práctica de Palabras ことばの れんしゅう

Escribe el hiragana correcto en los espacios para cada palabra.

1. ___つ (verano)
   na

2. ___hon (Japón)
   ni

3. ___こ (gato)
   ne

4. yo___か (medianoche)
   na

5. ___mu (tomar, beber)
   no

6. ___ru (dormir, irse a dormir)
   ne

7. ___ ___ (¿Qué?)
   na ni

8. ___いぐ rumi (muñeco de
   nu
   peluche)

9. ___がい (amargo)
　　ni

10. お___えさn (hermana mayor)
　　ne

11. ___ぐ (desvestirse)
　　nu

12. ___ru (montar)
　　no

な Hiragana De Uso Diario にちじょうの ことば

いぬ
perro

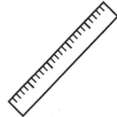

ながい
largo

に wa と ri
pollo,gallina

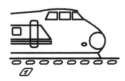

の ru
montar

ぬ ru
pintar

ねこ
gato

な　Palabras Que Puedes Escribir かける ことば

Escribe las siguientes palabras utilizando el hiragana que acabas de aprender. Esta es una gran manera de aumentar tu vocabulario de japonés.

なに
que

ねこ
gato

なな
siete

にし
oeste

なつ
verano

あなた
tú, usted

ねつ
fiebre

いぬ
perro

のど
garganta

かに
congrejo

か	に									

にっき
diario, agenda

に	っ	き								

にく
carne

に	く									

にじ
arcoiris

に	じ									

な Conectando El Hiragana ひらがな マッチング

Conecta los puntos entre cada hiragana y el ro-maji correcto.

な・　　　　・no

の・　　　　・ni

か・　　　　・ta

す・　　　　・na

ぬ・　　　　・ka

ね・　　　　・nu

に・　　　　・ne

た・　　　　・su

5 Actividades De Lección

❑ Pregunta y respuesta 1

Responde las siguientes preguntas observando las imágenes. Utiliza ~ja ない です cuando respondas las siguientes preguntas:

1a. こ re wa さかな ですか?

_____

1b. Ja あ ("Entonces")、 な n ですか?

_____

2a. こ re wa hon ですか?

_____

2b. Ja あ、 な n ですか?

_____

3a. こ re wa (お) chawan と supu–n ですか?

_____

3b. Ja あ、 な n ですか?

_____

4a. こ re wa くつ ですか?

_____

4b. Ja あ、 な n ですか?

_____

❑ Pregunta y respuesta 2

Escoge una de las imágenes y di, [cosa] が すきです o [cosa] が き ra いです.

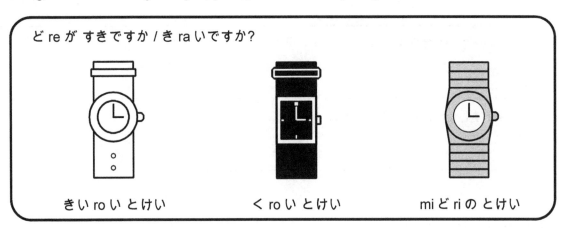

ど re が すきですか / き ra いですか?

| きい ro い とけい | く ro い とけい | mi ど ri の とけい |

ど re が すきですか / き ra いですか?

| しごと | shu くだい | かい mo の |

❑ Pregunta y respuesta 3

Responde las siguientes preguntas como si te las estuvieran haciendo directamente a ti. Utiliza el hiragana que sabes cuándo escribas tu respuesta.

1. Ryo こう が すきですか。

_____

2. ねこが き ra いですか。

_____

3. ya さいが すきですか。

_____

4. に hon ご が すきですか。

_____

5. (お) すし wa おいしいですか。

_____

❑ Traducción de Japonés

Traduce el siguiente ejemplo al español.

1. Yo しおさ n wa く ruma が だいすきです。 2. Yo しおさ n の く ruma wa あかと し ro です。 3. か re の し ro い く ruma wa hon だ です。 4. あかの wa Toyota です。 5. Yo しおさ n の おとうさ n wa く ruma が だいすきです。 6. おとうさ n の く ruma wa き n い ro の く ruma と きい ro い く ruma です。 7. おかあさ n wa きい ro い く ruma が すき ja ないです。
1.
2.
3.
4.
5.
6.
7.

❑ Preguntas de comprensión de lectura

Responde las siguientes preguntas acerca de la comprensión de lectura en esta lección.

1. さとこさ n の か re wa、だ re ですか。

   _____

2. Yo しおさ n wa しごとが き ra いですか。

   _____

3. さとこさ n wa な n さいですか。

   _____

4. だ re が かい mo の が すきですか。

   _____

5. だ re が、ryo こうが すきですか。

   _____

❑ Diálogo Corto

La Sra. Mori y la Sra. Nishida están hablando acerca de películas.

Mori さ n: にしださ n wa えいがが すきですか。

にしだ さ n: Ha い、だいすきです。

Mori さ n: Wa たし mo です。
Ha い yu う wa だ re が すきですか。

にしだ さ n: Harison Fo–do が すきです。

Mori さ n: そうですか。
Wa たし wa Buraddo Pitto が すきです。

にしだ さ n: Wa たし mo Buraddo Pitto mo すきです。

Palabras nuevas y expresiones en el diálogo

Progresivo	Kana	Kanji	Español
えいが	えいが	映画	película
はい yu う	はいゆう	俳優	actor
Harison Fo–do	ハリソン・フォード	ハリソン・フォード	Harrison Ford (actor)
Buraddo Pitto	ブラッド・ピット	ブラッド・ピット	Brad Pitt (actor)

❑ Actividades De Diálogo Corto

1. Practica leer el diálogo con una pareja.
2. Habla acerca de tus películas más/menos favoritas.
3. Habla acerca de tus actores más/menos preferidos.

❏ Más Palabras Que Puedes Escribir

Debes de practicar escribir estas palabras mínimo unas cinco veces cada una. No solo estarás practicando el hiragana nuevo, sino que también aprenderás palabras nuevas.

ぬぐ	desvestirse	かね	acero
にっき	diario	にく	carne
ねじ	tornillo	ねぎ	cebollín
ねあげ	subir de precio	なつかしい	querido, estimado

5 Ejercicios ドリル

Traduce los siguientes enunciados. Si no estás seguro qué significan, te recomendamos que repases la lección hasta este punto antes de continuar.

1. なにが すきですか。
2. しごとが だいすきです。
3. さかな to ya さいが すき ja ない です。
4. Wa たしの く ruma wa mura さき ja ない です。
5. あなたの と mo だちの く ruma wa あお ja ない ですか。

5 Construyendo Enunciados ぶんのつくり

En cada lección iremos construyendo enunciados basados en ejemplos anteriores. Observa cómo crece y se transforma mientras introducimos más y más conceptos.

> あなたの おかあさ n wa なにい ro のく ruma が すきですか。
> **¿Qué color de auto le gusta a tu mamá?**

あか

し ro

Compara como han cambiado los enunciados desde las lecciones pasadas:

Lección 2:   こ re wa な n ですか。
¿Qué es esto?

Lección 3:   こ re wa あなたの おかあさ n の く ruma ですか。
¿Es este el auto de tu mamá?

Lección 4:   あなたの おかあさ n の く ruma wa し ro い ですか。
¿Es blanco el auto de tu mamá?

Grupos De Vocabulario

G   deportes y entretenimiento

Progresivo	Kana	Kanji	Español
basuketto booru	バスケットボール	バスケットボール	baloncesto
gyanburu	ギャンブル	ギャンブル	juegos de azar
sakka–	サッカー	サッカー	fútbol

H   fruta

Progresivo	Kana	Kanji	Español
いちご	いちご	苺	fresa
mi か n / orenji	みかん / オレンジ	みかん / オレンジ	naranja
rin ご	りんご	りんご	manzana
banana	バナナ	バナナ	plátano
すいか	すいか	西瓜	sandía
remon	レモン	レモン	limón
momo	もも	桃	durazno
bu どう	ぶどう	ぶどう	uvas

Lección
6
Nivel ①

Querer y No querer
Conjugando adjetivos

---

6 Acerca De Esta Lección このレッスンについて

Antes De La Lección

1. Poder escribir y leer なにぬねの.
2. Entender cómo usar すき, き ra い y ja ない.
3. Revisar el grupo de vocabulario G y H.

Objetivos

1. Aprender a decir que quieres o que no quieres algo.
2. Aprender a conjugar adjetivos en la forma negativa.

De Los Maestros

1. No confundas el uso de ja ない y くない. Recuerda que ja ない es usado con sustantivos y くない es usado con adjetivos い.

---

6 Palabras Nuevas あたらしい ことば

Progresivo	Kana	Kanji	Español
ho しい	ほしい	欲しい	querer
doru	ドル	ドル	dólares
え n	えん	円	yen
inta–netto	インターネット	インターネット	internet
おかね	おかね	お金	dinero
mo ち ron	もちろん	もちろん	por supuesto
ko–ra	コーラ	コーラ	coca cola
mi ず	みず	水	agua
の mimo の	のみもの	飲み物	trago, bebida

6 | Clip Cultural カルチャー クリップ

Quizás hayas visto como se le agrega く n, o *chan* a los nombres o apellidos de las personas. Ambos son usados para mostrar cariño.Tambien, *Chan* es usado normalmente después de los nombres de niñas y く n después de los nombres de niños. *Chan* es usado bastante frecuente después del nombre de niños, sin importar de su sexo. También, no es raro ver que en las compañías de alto rango usen く n después de los nombres de las mujeres.

Cuando NO usar
Chan y く n jamás deberá ser utilizarse cuando hables con alguien de estatus social mayor al tuyo. Si alguna vez escuchas a alguien refiriéndose a otra persona usando く n o *chan,* puedes asumir que el hablante tiene igual o mayor estatus.

 kun

 chan

6 | Frases Nuevas あたらしい かいわ

1. けっこうです。 Estoy bien. (No gracias)

6 | Adjetivos Nuevos あたらしい けいようし

Los siguientes adjetivos todos son de tipo い. Los adjetivos い siempre terminan en い. La partícula の no es necesaria para convertir la palabra en adjetivo. Debido a que ya son adjetivos, simplemente se pueden colocar en frente de una palabra para modificarla. Se consideran *adjetivos verdaderos* porque pueden usarse adjetivos por si solos.

Progresivo	Kana	Kanji	Español
あた ra しい	あたらしい	新しい	nuevo
furu い	ふるい	古い	viejo
あつい	あつい	暑い	caliente
さ mu い	さむい	寒い	frío

| つ me たい | つめたい | 冷たい | frío(al tocar) |
| ぬ ru い | ぬるい | 温い | tibio |

6 Gramática ぶんぽう

❏ Como negar adjetivos

En la lección anterior aprendiste a negar sustantivos agregándoles ja ない. Por ejemplo, いぬ ja ないです significa "no es un perro". Para negar adjetivos い, no se puede utilizar ~ja ない.

Todos los adjetivos verdaderos que terminan con い. Para negar adjetivos い, quítales la い y agrégales くない.

> **(adjetivo い) menos い, agrégale くない**
> **No es (adjetivo).**

Ejemplos

1. あた ra しい = nuevo
   あた ra し<u>くない</u> = <u>no</u> nuevo

2. おいしい = delicioso
   おいし<u>くない</u> = <u>no</u> delicioso

3. さ mu い = frío
   さ mu <u>くない</u> = <u>no</u> frío

4. あつい = caliente
   あつ<u>くない</u> = <u>no</u> caliente

5. つ me たい = frío (al tocar)
   つ me た<u>くない</u> = <u>no</u> frío (al tocar)

6. furu い = viejo
   furu <u>くない</u> = <u>no</u> viejo

❏ Los colores como adjetivos negativos

Se puede hacer lo mismo con las formas adjetivo de los colores.

Ejemplos

1. あかい = rojo
   あか<u>くない</u> = <u>no</u> rojo

2. あおい = azul
   あお<u>くない</u> = <u>no</u> azul

3. cha い ro い = café
   cha い ro <u>くない</u> = <u>no</u> café

4. き い ro い = amarillo
   き い ro <u>くない</u> = <u>no</u> amarillo

❑ Querer y no querer

La partícula が es usada con ho しい(querer) en la misma manera que se usa すき y きらい. が es usada para marcar la cosa que se quiere o no se quiere.

> ### [*cosa*] が ho しい です。
> ### Quiero [*cosa*]

Para cambiar "querer" en "no querer", quitamos la い y agregamos くない.

> ### [*cosa*] が ho しくない です。
> ### No quiero [*cosa*]

Enunciados de Ejemplo

1. あた ra しい terebi が ho しい です。
   Quiero una televisión nueva.

2. つ me たい の mimo の が ho しい です。
   Quiero una bebida fría.

3. Furu い く ruma が ho しくない です。
   No quiero un auto viejo.

❑ Usos complicados de la partícula の

La partícula の que aprendimos en otras lecciones es usada para mostrar posesión (como en el enunciado **wa たしの く ruma です** – "es mi auto"). Y aun más importante, aprendimos de que の puede ser usada para hacer cualquier enunciado en un adjetivo simplemente poniéndolo después del sustantivo, como en **に hon この hon** (libro japonés).

El uso que se acaba de describir es simple, pero en veces cuando tienes un conjunto de palabras separadas por の puede ser confuso. Observa el siguiente enunciado:

1. <u>Wa たしの と mo だちの あきこさ n</u> wa に juu ございい です。
   <u>Mi amiga Akiko</u> tiene 25 años de edad.

Este enunciado puede parecer confuso, pero recuerda que la función clave de の es convertir la palabra que le precede en un modificador (adjetivo-no). Wa たしの と mo だちの あきこさ n simplemente significa, "mi amiga Akiko." Wa たしの と mo だちの solo está modificando a あきこさ n.

❏ Números y dinero

Si quieres decir 100 dólares o 100 yenes, simplemente agregas *doru* o え *n* después del número. No se requiere de la partícula の.

Ejemplos

1. 100 yenes.
   Hya く え n.

2. 1000 dólares.
   せ n doru.

---

6 Preguntas Y Respuestas しつもんと こたえ J→E

1. なにが ho しい ですか。
   あた ra しい く ruma が ho しい です。
   いち man doru が ho しい です。
   かの jo が ho しい です。
   つ me たい ko–ra が ho しい です。

   ¿Qué quieres?
   Quiero un auto nuevo.
   Quiero 10,000 dólares.
   Quiero una novia.
   Quiero tomar una coca fría.

2. ど re が ho しい ですか。
   こ re とこ re が ho しい です。
   あかのが ho しい です。
   Mi ど ri と あおのが ho しい です。

   ¿Cuál quieres?
   Quiero este y este.
   Quiero el rojo.
   Quiero el verde y azul.

3. あなたのく ruma wa あた ra しい ですか。
   いいえ、furu い です。
   いいえ、あた ra しくない です。

   ¿Es nuevo tu auto?
   No, es viejo.
   No, no es nuevo.

4. Konpyu–ta–が ho しい ですか。
   いいえ、ho しくない です。
   Ha い、ho しい です。

   ¿Quieres una computadora?
   No, no quiero.
   Si, si quiero.

---

6 Preguntas Y Respuestas しつもんと こたえ E→J

1. **¿De qué color de auto quieres?**
   Quiero uno plateado.
   No quiero un auto.

   なにい ro の く ruma が ho しい ですか。
   ぎ n い ro の く ruma が ho しい です。
   く ruma が ho しくない です。

2. **¿No quieres un refrigerador nuevo?**
   Por supuesto que si lo quiero.

   あた ra しい re いぞうこが ho しくない ですか。
   Mo ち ron ho しい です。

3. **¿Es fría tu bebida?**   あなたの の mimo の wa つ me たい ですか。
    No, no es fría.   いいえ、つ me たくない です。
    No, es tibia.   いいえ、ぬ ru い です。

4. **¿Quieres un periódico?**   し nbun が ho しいですか。
    Si, quiero el periódico de Asahi.   Ha い、あさ hi し nbun が ho しいです。

6 Comprensión de lectura どっかい

Lee los siguientes enunciados. Usa la información para contestar las preguntas de la comprensión de lectura más tarde en esta lección.

① Bo くの な ma え wa ma つ mo とです。

② Inta–netto が すきです。

③ Konpyu–ta–が ho しいです。

④ Bo くの と mo だちの たし ro く n wa konpyu–ta–が ho しくないです。

⑤ たし ro く n wa あかい く ruma が ho しいです。

⑥ Bo く wa あかい く ruma wa すき ja ないです。

⑦ し ro い く ruma が すきです。

Hiragana はひふへほ

は Hiragana Nuevo あたらしい ひらがな

Asegúrate de que te aprendas el orden correcto de los trazos, ya que esto te permitirá escribir los caracteres más rápido y legibles.

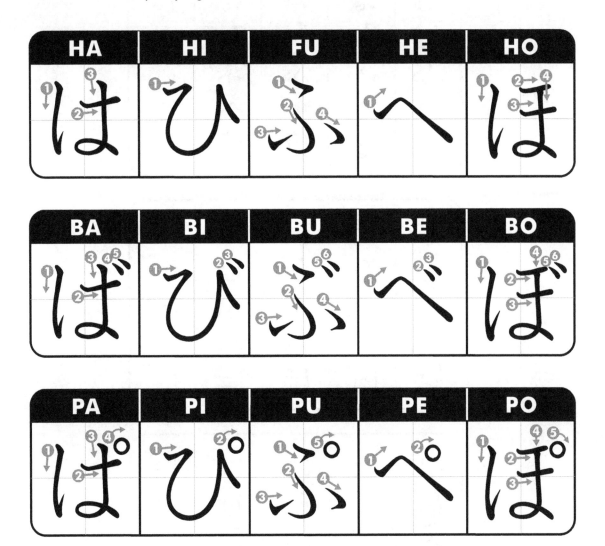

は Varios Estilos スタイル

Observa los varios posibles estilos de hiragana en esta lección. Escribe cada símbolo lo más claro que puedas, y después compáralo con las diferentes versiones a continuación.

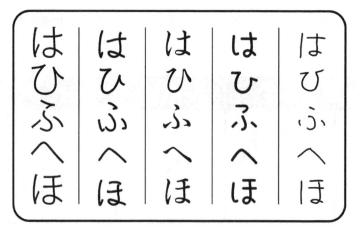

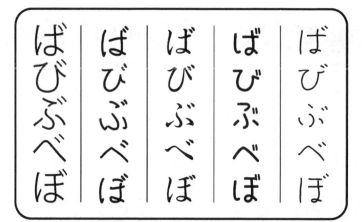

は Puntos de Escritura かくポイント

❑ ¿Qué es ese círculo?

Los hiragana *pa pi pu pe po* se escriben agregándoles un circo en el área donde normalmente se colocaría el dakuten. El circulo debe ser escrito de izquierda a derecha y siempre será el trazo final. La mayoría de la gente japonesa simplemente se refiere a esto como *maru*, que significa "círculo". El nombre oficial de este es *handakuten*.

は→ぱ

HA　　　PA

ひ→ぴ

HI　　　PI

❑ ¿Por qué no se escribe la ふ como *HU*?

En *¡Japonés Desde Cero!* representamos a la ふ como *FU* en vez de *HU* en ro-maji. La gente japonesa en veces representara a ふ como *HU* en romaji, sin embargo, la pronunciación de ふ es más cercana a *FU*. El sonido de la F en ふ deberá ser sonado más como la F en español y no como la H muda.

❑ La manera fácil de escribir ふ (fu)

ふ tiende a ser difícil de escribir, pero hay una manera fácil: conecta el primero y segundo trazo en algo que se parece al número "3".

ふ　　　　ふ ふ ふ

La Version Del 3　　Versiones De Tipos de Letra Actuales

は Práctica de escritura れんしゅう

Para practicar el orden de trazo correcto, primero traza los siguientes caracteres de color gris claro, y después escribe cada carácter seis veces para practicar.

ha	は	は					
hi	ひ	ひ					
fu	ふ	ふ					
he	へ	へ					
ho	ほ	ほ					

ba	ば	ば					
bi	び	び					
bu	ぶ	ぶ					
be	べ	べ					
bo	ぼ	ぼ					

pa	ぱ	ぱ					
pi	ぴ	ぴ					
pu	ぷ	ぷ					
pe	ぺ	ぺ					
po	ぽ	ぽ					

は Uso Especial とくべつな つかいかた

❏ El marcador de tema は (wa)

El marcador de tema en el japonés identifica al sujeto de un enunciado. El marcador de tema "wa" se escribe usando el caracter は (ha) y nunca puede ser escrito utilizando el caracter わ (wa). En otras situaciones, は (ha) siempre se leerá como "ha".

> **Enunciados de Ejemplo**
> 1. あなたは (wa) だ re ですか。   ¿Quién eres?
> 2. Banana は (wa) きい ro です。   Los plátanos son amarillos.

❏ El marcador de dirección へ (e)

El marcador de dirección en el japonés identifica el destino de una acción. El marcador de dirección "e" se escribe usando el caracter へ (he) y nunca puede ser escrito utilizando el caracter え (e). En otras situaciones, へ (he) siempre se leerá como "he."

> **Enunciados de Ejemplo**
> 1. がっこうへ (e) いき ma す。   Voy en dirección (a) la escuela.
> 2. とう kyo うへ (e) いき ma す。   Voy en dirección (a) Tokio.

は Práctica de Palabras ことばの れんしゅう

Escribe el hiragana correcto en los espacios para cada palabra.

1. ___ru (primavera)
   ha

2. ___ru ご ___n (almuerzo)
   hi   ha

3. ___yu (invierno)
   fu

4. ___い wa (paz)
   he

5. え ___n (libro ilustrado)
   ho

6. が n ___ru (esforzarse)
   ba

7. ___ な ___ (fuegos artificiales)
   ha   bi

8. か mi ___ く ro (bolsa de papel)
   bu

9. ___ と me ___re (amor a primera vista)
   hi   bo

10. く ra ___ru (comparar)
    be

11. ___ ___na (chispa)
    hi ba

12. え n ___つ (lápiz)
    pi

は Palabras Que Puedes Escribir かける ことば

Escribe las siguientes palabras utilizando el hiragana que acabas de aprender. Esta es una gran manera de aumentar tu vocabulario de japonés.

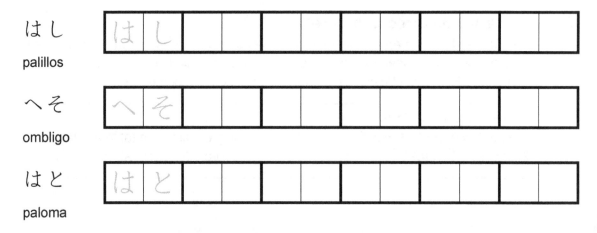

はし
palillos

へそ
ombligo

はと
paloma

ぶた
cerdo

ぶ	た									

ひと
gente, persona

ひ	と									

しっぽ
cola

し	っ	ぽ								

とうふ
tofu

と	う	ふ								

はっぱ
hoja de arbol

は	っ	ぱ								

ほっぺ
mejilla

ほ	っ	ぺ								

ほうし
sombrero

ほ	う	し								

きっぷ
boleto

き	っ	ぷ								

はなび
fuegos artificiales

は	な	び								

は Hiragana De Uso Diario にちじょうの ことば

ひ sho

secretaria

ふく ro う

búho,lechuza

おばけ

monstruo

ほうたい

vendaje

はし ru

correr

てっぽう

pistola, arma

は Conectando El Hiragana ひらがな マッチング

Conecta los puntos entre cada hiragana y el ro-maji correcto.

ふ ・	・ pi
ぺ ・	・ pe
ぜ ・	・ bo
ぼ ・	・ gi
は ・	・ fu
た ・	・ ze
ぴ ・	・ ta
ぎ ・	・ ha

6 Actividades De Lección

❏ Pregunta y respuesta 1

Escoge una de las imágenes y di ~ が ほしいです / ほしくないです.

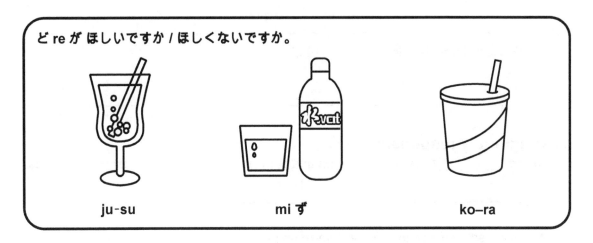

❏ Pregunta y respuesta 2

Responde las siguientes preguntas en japonés como si te las estuvieran haciendo directamente a ti. Usa el hiragana que has aprendido al escribir tus respuestas.

1. なにい ro の く ruma が すきですか。

2. にほ n の ざっしが ほしいですか。

_____

3. つ me たい ko-ra が ほしいですか。

_____

4. あなたの terebi は、あた ra しいですか。

_____

❑ Pregunta y respuesta 3

Usando _____ が ほしいです, crea una conversación para las siguientes imágenes:

¿Qué están diciendo Ichiro y Yumiko en la imagen?

Ichiro:_____

Yumiko: _____

¿Qué está diciendo el paciente
y la enfermera en la imagen?

Enfermera: _____

Paciente: _____

❏ Traducción de Español

Traduce la siguiente conversación al japonés.

1.	
George さ n:	¿Cuál es tu nombre?
Yu か ri さ n:	Es Yukari. ¿Cuál es el tuyo?
George さ n:	Mi nombre es George. Tengo 34 años de edad.
	¿Cuántos años tienes tú?
Yu か ri さ n:	Yo tengo 26 años de edad.
George さ n:	
Yu か ri さ n:	
George さ n:	
Yu か ri さ n:	

❏ Preguntas de comprensión de lectura

Responde las siguientes preguntas acerca de la comprensión de lectura en esta lección.

1. Ma つ mo と く n は、なにが すきですか。

_____

2. Ma つ mo と く n の と mo だちの な ma えは、な n ですか。

_____

3. たし ro く n は、なにが ほしいですか。

_____

4. Ma つ mo と く n は、あかいく ruma が すきですか。

_____

5. Ma つ mo と く n は、なにい ro の く ruma が すきですか。

_____

❑ **Diálogo Corto**

El Sr. Yoshida está dándole la bienvenida a Karen a su casa.

Yo しだ さ n:	Karen さ n、どうぞ。
Karen:	はい、お jama し ma す。
Yo しだ さ n:	の mimo のは なにが ほしいですか。
Karen:	そうですね…。Ko–ra が ほしいです。
Yo しだ さ n:	Wa か rima した。Cho っと ma ってください。
	はい、どうぞ。 (sirviendo una botella de coca)
Karen:	あ ri がとうございma す。

Palabras nuevas y expresiones en el diálogo

Progresivo	Kanji	Español
どうぞ。	どうぞ。	Adelante, pase.
お jama し ma す。	お邪魔します。	Voy a entrar.

(literalmente significa, "Te voy a molestar," cuando entras a la casa de alguien)

Progresivo	Kanji	Español
そうですね…	そうですね…	Veamos, a ver …
Cho っと ma ってください。	ちょっと待って下さい。	Espérame un momento.
(はい) どうぞ。	(はい) どうぞ。	Aquí tienes.

 (cuando le sirves/das algo a alguien)

❑ **Actividades De Diálogo Corto**

Practica leer el diálogo con una pareja.

Supongamos que alguien está visitando tu casa. Pregúntale a él/ella que va a querer beber.

orenji ju–su?

mi ず?

rin ご ju–su?

❑ Más Palabras Que Puedes Escribir

Deberías practicar las siguientes palabras por lo menos cinco veces cada una. No solo estarás practicando hiragana nuevo, sino que también aprenderás palabras nuevas.

しばふ	césped	ふうふ	pareja casada
はこぶ	mover una cosa	へいたい	soldado
すなば	arenero	こうべ	Kobe (ciudad)
ばくはつ	explosión	ぴかぴか	brillante
てっぽう	pistola, arma		

6 Ejercicios ドリル

Traduce los siguientes enunciados. Si no estás seguro qué significan, te recomendamos que repases la lección hasta este punto antes de continuar.

1. なにが ほしい ですか。
2. つ me たい mi ずが ほしい です。
3. あかくない rin ご wa すき ja ない です。

6 Construyendo Enunciados ぶんのつくり

En cada lección iremos construyendo enunciados basados en ejemplos anteriores. Observa cómo crece y se transforma mientras introducimos más y más conceptos.

> **あなたの おかあさ n は なにい ro の く ruma が ほしいですか。**
> **¿Qué color de auto quiere tu mamá?**

Compara como ha cambiado el enunciado desde las lecciones pasadas:

Lección 3: こ re は あなた no おかあさ n の く ruma ですか。
¿Es este el auto de tu mamá?

Lección 4: あなた no おかあさ n の く ruma は し ro い ですか。
¿Es blanco el auto de tu mamá?

Lección 5: あなたの おかあさ n は なにい ro のく ruma が すき ですか。
¿Qué color de auto le gusta a tu mamá?

Grupos de Vocabulario

❚ transporte

Progresivo	Kana	Kanji	Español
く ruma	くるま	車	auto
ひこうき	ひこうき	飛行機	avión
で nsha	でんしゃ	電車	tren
basu	バス	バス	autobús
ふね	ふね	船	barco; bote
さ nrinsha	さんりんしゃ	三輪車	triciclo
shou ぼう sha	しょうぼうしゃ	消防車	camión de bomberos
じて nsha	じてんしゃ	自転車	bicicleta
し n か n せ n	しんかんせん	新幹線	tren bala
patoka–	パトカー	パトカー	patrulla

Lección

7

Nivel ①

Lugares

¿Dónde está?

---

7 Acerca De Esta Lección このレッスンについて

Antes De La Lección

1. Poder leer y escribir はひふへほ, ばびぶべぼ, ぱぴぷぺぽ.
2. Entender cómo convertir un sustantivo en palabra modificadora usando la partícula の.
3. Revisar el grupo de vocabulario I.

Objetivos

1. Aprender a decir en donde esta una cosa.
2. Aprender a cuando utilizar は (wa) o が.

De Los Maestros

1. Esta lección contiene un nuevo grupo de palabras こそあど así que el diagrama de en la Lección 2 te va a servir de referencia.

---

7 Palabras Nuevas あたらしい ことば

Progresivo	Kana	Kanji	Español
どこ	どこ	どこ	¿dónde? ¿qué lugar?
ここ	ここ	ここ	aquí, este lugar
そこ	そこ	そこ	ahí, ese lugar
あそこ	あそこ	あそこ	allá, aquel lugar
そと	そと	外	afuera
なか	なか	中	adentro
resutoran	レストラン	レストラン	restaurante
にほn	にほん	日本	Japón
amerika	アメリカ	アメリカ	América
でmo	でも	でも	pero

7 Adjetivos Nuevos あたらしい けいようし

Progresivo	Kana	Kanji	Español
いい、yo い	いい 、よい	いい、良い	bueno, bien
おおきい	おおきい	大きい	grande
ちいさい	ちいさい	小さい	pequeño

7 Uso De Palabra ことばの つかいかた

❑ **Yo くない vs いくない**

En la lección 6 aprendiste a negar cualquier adjetivo quitándole la い y agregándole くない.

> **Ejemplos**
> 1. おおきい = grande
>   おおき<u>くない</u> = <u>no</u> grande
> 2. ちいさい = pequeño
>   ちいさ<u>くない</u> = <u>no</u> pequeño

いい es la excepción al típico patrón. Ambas "いい" y "yo い" significan "bueno, bien". Y aunque normalmente escucharas que la gente usa いくない para decir "no es bueno" en una conversación casual, no es tan común y generalmente no se considera como japonés estándar. En cambio, yo くない deberá ser usado para significar "no es bueno".

7 Frases Nuevas あたらしい かいわ

1. おなかが すいています。   Tengo hambre.
   Esto literalmente significa "Mi estómago está vacío."

2. おなかが いっぱい です。   Estoy lleno.
   Esto literalmente significa "Mi estómago está lleno."

3. のどが か wa いています。   Tengo sed.
   Esto literalmente significa "Mi garganta está seca."

7 | ☐ **Gramática ぶんぽう**

☐ **Usando で mo**

で mo es usado para conectar a dos enunciados completos. El segundo enunciado empieza con で mo.

> **(Enunciado 1). で mo, (Enunciado 2).**
> **(Enunciado 1). Pero (Enunciado 2).**

Enunciados de Ejemplo

1. Furu–tsu は おいしいです。<u>で mo</u>、おなかが いっぱいです。
   La fruta es deliciosa. <u>Pero</u> estoy lleno.

2. のどが か wa いています。<u>で mo</u>、ko–ra は つ me たくない です。
   Tengo sed. <u>Pero</u> la coca no está fría.

3. Wa たしの konpyu–ta–は ふ ru いです。<u>で mo</u>、あた ra しいのは
   ほしくない です。
   Mi computadora esta vieja. <u>Pero</u> no quiero una nueva.

☐ **Las reglas para utilizar は (wa) y が (ga)**

En esta lección hablaremos acerca de algunas diferencias entre は (wa) y が. Este tema tiende a estresar a los estudiantes nuevos al japonés, ¡pero no hay de qué preocuparse si te aprendes las siguientes simples reglas!

> **#1. NUNCA podrás utilizar は (wa) directamente después de una palabra interrogatoria.**
>
> Esta es una regla simple sin excepciones.
>
> **INCORRECTO**
> 1. なに**は** すきですか。
> 2. ど re **は** いぬですか。
> 3. なにい ro **は** すき ですか。
>
> **CORRECTO**
> なに**が** すきですか。
> ど re **が** いぬですか。
> なにい ro **が** すき ですか。

#2. は (wa) es usada para comparar y enfatizar.

Hablando en general, adjetivos como ほしい、すき、y きらい usan が para marcar la cosa de la que se está hablando. Sin embargo, cuando compares cosas o enfatices, は se usa en vez de が.

Ejemplos (énfasis)

1. すいか**は** おいしいです。

   Las sandías son deliciosas. (Estas enfatizando lo delicioso que son las sandías.)

2. Totoro (personaje de anime) **は** おおきい です！

   ¡Totoro es grande!

Ejemplos (comparación)

1. Mo うふ**が** ほしい です。でmo、ma く ra**は** ほしくない です。

   Quiero una cobija. Pero no quiero una almohada.

2. Rin ご**が** すきです。でmo、banana **は** きra い です。

   Me gustan las manzanas. Pero me desagradan los plátanos.

3. ねこ**が** ほしくない です。でmo、いぬ**は** ほしい です。

   No quiero un gato. Pero quiero un perro.

#3. は (wa) y が pueden ser usadas en el mismo enunciado.

Cuando は (wa) y が están en el mismo enunciado, は marca el tema y が marca el objeto.

Ejemplos

1. Wa たし**は** ねこ**が** すきです。

   Me gustan los gatos.

2. Yo しおさ n **は** banana **が** ほしい です。

   Yoshio quiere un plátano.

#4. は (wa) debe ser utilizada con temas y conversaciones nuevas.

Aunque la gente te podrá entender aunque confundas la は (wa) y が,
siempre debes utilizar は cuando introduzcas temas nuevos a la discusión.

Como lo mencionamos en la Lección 2, después que se introduce el tema, éste puede
ser omitido del resto de la conversación. Pero si se necesita volver a decir el tema o
cambian de tema, no olvides que deberás utilizar la は (wa).

#5. は (wa) y が se tiende a omitir en conversaciones casuales

Hasta que tu japonés se vuelva muy bueno, no te recomendamos que omitas ninguna
de las partículas. Sin embargo de vez en cuando escucharas conversaciones casuales
en donde se omite la は (wa) o la が.

CON LA PARTÍCULA	SIN LA PARTÍCULA
1. ねこが すきです。	ねこ すきです。
Me gustan los gatos.	Me gustan los gatos.
2. おかあさんは なんさい ですか。	おかあさん なんさい ですか。
¿Qué edad tiene tu mamá?	¿Qué edad tiene tu mamá?

7 Preguntas Y Respuestas しつもんと こたえ E→J

1. **¿Dónde está?**   どこ ですか。
   Esta aquí.   ここ です。
   Está ahí.   そこ です。
   Esta afuera.   そと です。
   Esta adentro.   なか です。

2. **¿Esta aquí?**   ここ ですか。
   Si, está aquí.   はい、ここです。
   No, no está aquí.   いいえ、ここ ja ない です。
   No, esta allá.   いいえ、あそこです。

3. **¿Esta allá?**
   Si, está aquí.
   No, está ahí.
   No, no está allá.

   あそこ ですか。
   はい、ここです。
   いいえ、そこです。
   いいえ、あそこ ja ない です。

4. **¿Dónde está el perro?**
   El perro esta por allá.
   El perro está afuera.
   El perro no está adentro.

   いぬは どこですか。
   いぬは あそこです。
   いぬは そとです。
   いぬは なか ja ない です。

7 Preguntas Y Respuestas しつもんと こたえ J→E

1. いいですか
   はい, いいです。
   いいえ、yo くないです。

   ¿Está bien?
   Si, está bien.
   No, no está bien.

2. どこが いいですか。
   ここが いいです。
   そこが いいです。

   ¿Qué lugar está bien?
   Este lugar está bien.
   Ese lugar está bien.

3. おいしい resutoran は どこですか。

   ご men なさい、わか rima せ n.
   おいしい resutoran は あそこです。
   あそこが いいです。

   ¿Dónde hay un buen(-delicioso) restaurante?
   Disculpa, no sé.
   Allá hay un buen restaurante.
   Aquél lugar esta bueno.

4. にほ n の く ruma が ほしい ですか。
   はい、にほ n の く ruma が だいすき です。
   いいえ、ほしくない です。

   ¿Quieres un auto japonés?
   Si, me encantan los autos japoneses.
   No, no quiero.

7 Mini Conversación ミニかいわ J→E

1. **Conversación entre amigos.**
   A: おなかが すいてい ma す。
   B: Piza が ほしい ですか。
   A: いいえ、すしが ほしい です。

   A: ¡Tengo hambre!
   B: ¿Quieres pizza?
   A: No, quiero sushi.

2. **Conversación en la escuela entre amigos.**
   A: たたなかせ n せいが すき ですか。
   B: だいすきです。あなたは？
   A: すき ja ない です。
   B: Ja あ、だ re が すき ですか。
   A: こば ya し せ n せいが すき です。

   A: ¿Te agrada la Sra. Tanaka?
   B: ¡Me encanta! ¿Y tú?
   A: No me agrada (ella).
   B: Entonces, ¿quién te agrada?
   A: Me agrada el Sr. Kobayashi.

3. **Conversación entre amigos.**
   A: あなたの く ruma は おおきいですか。
   B: いいえ、ちいさいです。でも、おとうさ n の く ruma は おおきいです。
   A: なにい ro ですか。
   B: し ro です。

   A: ¿Esta grande tu auto?
   B: No, esta pequeño. Pero el auto de mi papá esta grande.
   A: ¿De qué color es?
   B: Es blanco.

Hiragana まみむめも

ま Hiragana Nuevo あたらしい ひらがな

Asegúrate de que te aprendas el orden correcto de los trazos, ya que esto te permitirá escribir los caracteres más rápido y legibles.

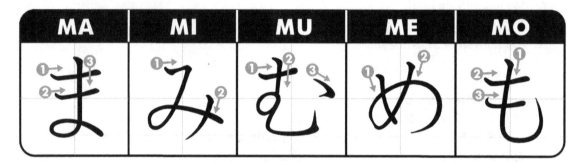

ま Varios Estilos スタイル

Observa los varios posibles estilos de hiragana en esta lección. Escribe cada símbolo lo más claro que puedas, y después compáralo con las diferentes versiones a continuación.

まみむめも　まみむめも　まみむめも　まみむめも　まみむめも

ま Práctica de escritura れんしゅう

Para practicar el orden de trazo correcto, primero traza los siguientes caracteres de color gris claro, y después escribe cada carácter seis veces para practicar.

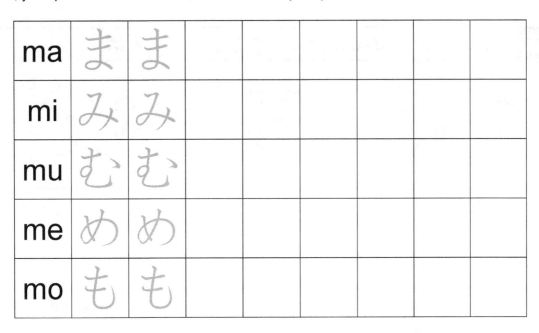

ma	ま	ま					
mi	み	み					
mu	む	む					
me	め	め					
mo	も	も					

ま Práctica de Palabras ことばの れんしゅう

Escribe el hiragana correcto en los espacios para cada palabra.

1. ___ri (bosque)
   mo

2. ___ ___じ (hoja de arce)
   mo mi

3. ___ri (imposible)
   mu

4. ___だつ (resaltar)
   me

5. ___ru (ver, mirar)
   mi

6. ___がね (lentes)
   me

7. たべ___の (comida)
   mo

8. ___ ___ru (proteger)
   ma mo

9. の___ ___の (tomar, beber)
    mi mo

10. ___しあつい (húmedo)
    mu

11. ___ほう (magia)
    ma

12. ___ ___ず (lombriz)
    mi mi

ま Hiragana De Uso Diario にちじょうの ことば

yo む

leer

のみもの

bebida

しつも n

pregunta

なみだ

lágrimas

うま

caballo

あめ

dulce

ま Palabras Que Puedes Escribir かける ことば

Escribe las siguientes palabras utilizando el hiragana que acabas de aprender. Esta es una gran manera de aumentar tu vocabulario de japonés.

まど

ventana

まど									

もも

durazno

もも									

むし
insecto

かみ
papel; cabello

だめ
inútil, inservible

みせ
tienda

あたま
cabeza

まじめ
serio

さしみ
sashimi

むすこ
hijo

むすめ
hija

ものさし
regla

みじかい

み	じ	か	い									

corto

ま Conectando El Hiragana ひらがな マッチング

Conecta los puntos entre cada hiragana y el ro-maji correcto.

に ·   · mu

む ·   · mi

も ·   · nu

ぬ ·   · ni

み ·   · o

ま ·   · mo

お ·   · me

め ·   · ma

7 | Actividades De Lección

❏ Creando enunciados

Escribe un enunciado acerca de las imágenes utilizando でも. Pon atención al uso de las partículas は y が.

Ejemplos

gusta→ **PERO** desagrada→

ej. <u>Chikin が すきです。 でも、さかなは きraいです。</u>

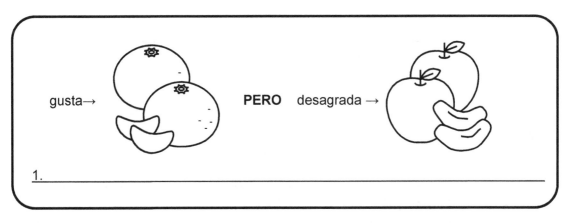

gusta→ **PERO** desagrada →

1. _____

quiero→ **PERO** no quiero →

2. _____

←son deliciosas **PERO**

←no lo son

3. _____

❑ ¿Qué dirías tú?

Responde las siguientes preguntas en japonés como si te las estuvieran haciendo directamente a ti. Usa el hiragana que has aprendido al escribir tus respuestas.

1. おいしい resutoran は どこですか。

   _____

2. あなたの いえは、どこですか。

   _____

3. にほ n の く ru まが ほしいですか。

   _____

4. みど ri の rin ごが すきですか。

   _____

5. あなたの terebi は あた ra しいですか。

   _____

6. あなたの じて nsha は、なに い ro ですか。

   _____

7. つめたいみずが ほしいですか。

   _____

❑ Diálogo Corto 1

El Sr. Tanaka está conduciendo a Miguel (Migeru) a su casa y está preguntando cual casa es la casa de Migeru.

たなかさ n:　Migeru さ n のうちは ①<u>あそこ</u>ですか。

Migeru:　いいえ、ちがいます。 ②<u>そこ</u>です。

たなかさ n:　えっ、どこですか。Wa か ri ません。
③<u>みどりの</u> うちですか。

Migeru:　いいえ、③<u>みどりの</u> うちは、ともだちの うちです。
④<u>きい ro い</u> うちが wa たしのです。

たなかさ n:　ああ、wa か ri ました。

Palabras Nuevas y expresiones en el diálogo

Progresivo	Kana	Kanji	Español
うち	うち	家	casa
えっ	えっ	えっ	¿eh?
ああ、wa か ri ました。	ああ、わかりました。	ああ、分かりました。	Oh, ya veo.

❑ Actividades De Diálogo Corto 1

1. Practica leer el diálogo con una pareja.
2. Substituye las palabras enumeradas con ①~④ usando las palabras a continuación y vuelve a intentar la conversación.

A)　① Ahí
　　② Aquí
　　③ Café
　　④ Azul

B)　① Ahí
　　② Allá
　　③ Blanco
　　④ Gris

❏ Diálogo Corto 2

El Sr. Tanaka está llevando a Miguel a un bar de sushi.

たなか さ n: ．Migeru さ n は (お)すし が すき です か。

Migeru: はい、だい すき です。

たなか さ n: なに が すき です か。

Migeru: まぐ ro と えび が すき です。

たなか さ n: そう です か。わたし は、ひ ra め と いか が すき です。
にほ n の お cha が、すき です か。

Migeru: いいえ。にほ n の お cha が すき ja ない です。
でも、ko–ra は すき です。

Palabras Nuevas y expresiones en el diálogo

Progresivo	Kana	Kanji	Español
まぐ ro	まぐろ	鮪	atún。
えび	えび	海老	camarón
ひ ra め	ひらめ	平目	platija
いか	いか	イカ	calamar

❏ Actividades De Diálogo Corto 2

1. Practica leer el diálogo con una pareja.
2. Habla acerca de tu sushi favorito/que menos te gusta.
3. Habla acerca de tu bebida favorita /que menos te gusta.

❏ Más Palabras Que Puedes Escribir

Deberías practicar las siguientes palabras por lo menos cinco veces cada una. No solo estarás practicando el hiragana nuevo que aprendiste, sino que también aprenderás palabras nuevas.

もしもし	bueno (en el teléfono)	しも	escarcha
みみ	oído	め	ojo
めだつ	resaltar	むね	pecho
ひま	tiempo libre	むずかしい	difícil
もくじ	contenido	ななめ	diagonal
まね	imitación		

7 Ejercicios ドリル

Traduce los siguientes enunciados. Si no estás seguro qué significan, te recomendamos que repases la lección hasta este punto antes de continuar.

1. あなたの いえは どこですか。
2. Wa たしは で nsha が すきです。でも, ひこうきは だいき ra いです。

7 Construyendo Enunciados ぶんのつくり

En cada lección iremos construyendo enunciados basados en ejemplos anteriores. Observa cómo crece y se transforma mientras introducimos más y más conceptos.

> ### あなたの おかあさ n のく ru まは どこですか。
> ### ¿Dónde está el auto de tu mama?

Compara como han cambiado los enunciados desde las lecciones anteriores:

Lección 4:   あなたの おかあさ n の く ru まは し ro い ですか。
¿Es blanco el auto de tu mama?

Lección 5:   あなたの おかあさ n は なにい ro のく ru まが すきですか。
¿Qué color de auto le gusta a tu mamá?

Lección 6:   あなたの おかあさ n は なにい ro の く ru まが ほしいですか。
¿Qué color de auto quiere tu mamá?

Grupos de Vocabulario

J más animales

Progresivo	Kana	Kanji	Español
き ngyo	きんぎょ	金魚	carpa dorada
かめ	かめ	亀	tortuga
かえ ru	かえる	かえる	rana, sapo
ぶた	ぶた	豚	cerdo
はと	はと	はと	paloma
あひ ru	あひる	あひる	pato
かに	かに	蟹	cangrejo
へび	へび	蛇	serpiente
と ri	とり	鳥	pájaro, ave
robusuta–	ロブスター	ロブスター	langosta
とかげ	とかげ	とかげ	lagartija
さかな	さかな	魚	pez, pescado
kyo う ryu う	きょうりゅう	恐竜	dinosaurio

Lección
8
Nivel ①

Fechas y Tiempo Pasado
El calendario

---

8 Acerca De Esta Lección このレッスンについて

Antes De La Lección

1. Poder escribir y leer まみむめも
2. Entender cómo usar la palabra interrogatoria どこ y como la partícula は es usada para enfatizar.
3. Revisar el grupo de vocabulario J.

Objetivos

1. Aprender los meses, días del mes, y como usar でした.

De Los Maestros

1. Hay tres preguntas nuevas en esta lección. Mucha gente las confunde seguido. Enfócate en aprendértelas.

2. Los primeros diez días del mes van a ser un poco difíciles de aprenderse. No tienen ningún patrón en común así que simplemente memorízatelos. Son importantes porque te servirán como bases para poder contar en otras áreas.

---

8 Frases Nuevas あたらしい かいわ

1. たnjoうび おめでとう。
2. あけまして おめでとう。
3. おめでとう。

Feliz cumpleaños.
Feliz año nuevo.
Felicidades.

Nota: También puedes agregar ございます después de おめでとう para sonar más cortés, pero con tus amigos y familia no será requerido.

8   Palabras Nuevas あたらしい ことば

Progresivo	Kana	Kanji	Español
いつ	いつ	いつ	¿cuándo?
なnにち	なんにち	何日	¿qué día del mes?
なnがつ	なんがつ	何月	¿qué mes?
kyoう	きょう	今日	hoy
あした	あした	明日	mañana
きのう	きのう	昨日	ayer
たnjoうび	たんじょうび	誕生日	cumpleaños
kurisumasu	クリスマス	クリスマス	Navidad
どくriつきねnび	どくりつきねんび	独立記念日	Día de independencia
purezento	プレゼント	プレゼント	regalo, obsequio
goruden wi–ku	ゴールデンウィーク	ゴールデンウィーク	Semana Dorada
けんぽうきねnび	けんぽうきねんび	憲法記念日	Día de la Constitución
こどmoのひ	こどものひ	子供の日	Día del niño
ぶnかのひ	ぶんかのひ	文化の日	Día de la cultura
たいいくのひ	たいいくのひ	体育の日	Día del deporte

8   Clip Cultural: La Navidad y otros días festivos en Japón.

Los japoneses celebran la navidad cada año al igual que mucha gente occidental lo hace.

En Japón, es costumbre comer "Pastel de Navidad" con toda la familia en noche buena, y en el día de navidad comen pollo.

Veamos algunos otros días festivos de Japón:

Día de la Constitución (3 de Mayo 3) Día del niño (5 de Mayo)
Día de la Cultura (3 de Noviembre)   Día del deporte (2do Lunes de Octubre)

La Semana Dorada, es un periodo de días festivos que suceden en la primera semana de mayo. Durante esta semana mucha gente regresa a su pueblo natal para celebrar con sus familia.

Días del Mes にち

1.º	ついたち	ついたち	一日
2.º	ふつか	ふつか	二日
3.º	みっか	みっか	三日
4.º	yoっか	よっか	四日
5.º	いつか	いつか	五日
6.º	むいか	むいか	六日
7.º	なのか	なのか	七日
8.º	yoうか	ようか	八日
9.º	ここのか	ここのか	九日
10.º	とおか	とおか	十日
11.º	juういちにち	じゅういちにち	十一日
12.º	juうにち	じゅうににち	十二日
13.º	juうさnにち	じゅうさんにち	十三日
14.º	juう yoっか	じゅうよっか	十四日
15.º	juうごにち	じゅうごにち	十五日
16.º	juう roくにち	じゅうろくにち	十六日
17.º	juう(しち/なな)にち	じゅう(しち/なな)にち	十七日
18.º	juうはちにち	じゅうはちにち	十八日
19.º	juうくにち	じゅうくにち	十九日
20.º	はつか	はつか	二十日
21.º	にjuういちにち	にじゅういちにち	二十一日
22.º	にjuにち	にじゅうににち	二十二日
23.º	にjuうさnにち	にじゅうさんにち	二十三日
24.º	にjuう yoっか	にじゅうよっか	二十四日
25.º	にjuうごにち	にじゅうごにち	二十五日
26.º	にjuう roくにち	にじゅうろくにち	二十六日
27.º	にjuうしちにち	にじゅうしちにち	二十七日
28.º	にjuうはちにち	にじゅうはちにち	二十八日
29.º	にjuうくにち	にじゅうくにち	二十九日
30.º	さnjuうにち	さんじゅうにち	三十日
31.º	さnjuういちにち	さんじゅういちにち	三十一日

8 | Herramientas Cool クール・ツール

El cuarto día (yo っか) y el octavo día del mes (yo うか) son normalmente confundidos porque suenan similar.

Este consejo te ayudara: la "yo" en yo っか es corta, mientras que la "yo" en yo うか tiene una う después que la hace lo doble de larga. Para entender esto, recuerda que el 8 es lo doble de 4 para recordar que el octavo día del mes tiene el sonido más largo.

En la página anterior, el 14.º, 20.º y el 24.º han sido marcados. Pon atención a esos 3 números, que no siguen el típico patrón que puedes esperar.

8 | Meses つき

Los meses japoneses se crean con los números y el símbolo kanji japonés para la luna, 月.Los días del mes que te enseñamos en la página anterior son creados con los números y el símbolo kanji japonés del sol, 日.

Meses つき			
Enero	いちがつ	いちがつ	一月
Febrero	にがつ	にがつ	二月
Marzo	さ n がつ	さんがつ	三月
Abril	しがつ	しがつ	四月
Mayo	ごがつ	ごがつ	五月
Junio	ro くがつ	ろくがつ	六月
Julio	しちがつ	しちがつ	七月
Agosto	はちがつ	はちがつ	八月
Septiembre	くがつ	くがつ	九月
Octubre	ju うがつ	じゅうがつ	十月
Noviembre	ju ういちがつ	じゅういちがつ	十一月
Diciembre	ju うにがつ	じゅうにがつ	十二月

8 Gramática ぶんぽう

❑ Creando enunciados en tiempo pasado

でした es el tiempo pasado de です. Se usa exactamente como です con la excepción de que hace que el enunciado se vuelva en tiempo pasado. です significa, "es, soy, son", etc., y でした significa "era, fue, fueron, " etc.

> **[enunciado] でした。**
> **Fue [enunciado]**

> **[enunciado] でしたか。**
> **¿Fue [enunciado]?**

Ejemplos de Preguntas Y Respuestas

1. くruまは あか でしたか。
   あかの くruま でした。
   ¿El auto <u>era</u> rojo?
   <u>Era</u> un auto rojo.

2. Wa たし でしたか。
   あなた でした。
   ¿<u>Fui</u> yo?
   <u>Fuiste</u> tú.

3. きのうは ついたち でしたか。
   ふつかは いつ でしたか。
   ¿Ayer <u>fue</u> el 1.º (día del mes)?
   ¿Cuando <u>fue</u> el 2.º?

❑ Diciendo la fecha con mes y días del mes

Cuando digas fechas enteras – por ejemplo, "10 de Diciembre", o "20 de enero" – siempre debes decir primero el mes y luego el día del mes.

> **MES + DIA DEL MES**

Ejemplos

1. 5 de Enero
   いちがつ いつか
2. 9 de Mayo
   ごがつ ここのか
3. 22 de Diciembre
   Juうにがつ に juうににち

8   Preguntas Y Respuestas しつもんと こたえ J→E

1. いつですか   ¿Cuándo es?
   あした です。   Es mañana.
   Kyo う です。   Es hoy.
   きのう でした。   Fue ayer.

2. なんにち ですか。   ¿Qué día del mes es?
   Yo っか です。   Es el 4.º
   に ju うくにち です。   Es el 29.º
   ついたち です。   Es el 1.º

3. なんがつ ですか。   ¿Qué mes es?
   しちがつ です。   Es Julio.
   Ju うにがつ です。   Es Diciembre.
   しがつ です。   Es Abril.

4. あしたは なんにちですか。   ¿Qué día del mes es mañana?
   あしたは ju うににち です。   Mañana es el 12.º
   あしたは さ n-ju うにち です。 Mañana es el 30.º
   たぶ n、なのか です。   Quizás, es el 7.º

5. た njo うびは なんがつ ですか。 ¿Qué mes es (tú) cumpleaños?
   くがつ です。   Es en Septiembre.
   きのう でした。   Fue ayer.
   あした です。   Es mañana.

6. たなかさ n の た njo うびは いつですか。 ¿Cuándo es el cumpleaños de Tanaka?
   Ju うがつ に ju う ro くにち です。   Es el 26 de Octubre.
   はちがつ ふつか です。   Es el 2 de Agosto.
   ごがつ ju う yo っか です。   Es el 14 de Mayo.

8   Preguntas Y Respuestas しつもんと こたえ E→J

1. ¿Cuál es el día y el mes del Día del Niño?
   こどものひは なんがつ なんにち ですか。

   El Día del Niño es el 5 de Mayo.
   こどものひは ごがつ いつか です。

2. **¿Cuál es el Día de la Cultura?**
ぶ n かのひ は いつ ですか。

Es el 3 de Noviembre.
Ju ういちがつ みっか です。

No sé. Pero mi cumpleaños es el 5 de Septiembre.
Wa か ri ま せ n. でも、wa たしの た njo うびは くがつ いつか です。

3. **¿El cumpleaños de tu papa es el 10 de Mayo?**
あなたの おとうさ n のた njo うびは ごがつ とおかですか。

Sí, así es.
はい、そうです。

No, no lo es.
いいえ、ちがいます。

No, es el 11 de Marzo.
いいえ、さ n がつ じゅういちにちです。

4. **¿Cuándo es (tu) cumpleaños?**
た njo うびは いつ ですか。

Es el primero de Octubre.
Ju うがつ ついたち です。

Es el 7 de Febrero.
にがつ なのか です。

5. **¿Qué día fue ayer?**
きのうは な n にち でしたか。

Ayer fue el 14.
きのうは ju う yo っか でした。

No es.
Wa か ri ま せ n.

6. **¿La Semana Dorada es en Julio?**
   Goruden wi–ku は しちがつ ですか。

   No, es en Mayo.
   いいえ、ごがつ です。

   No, no es en Julio.
   いいえ、しちがつ ja ない です。

7. **¿Fue ayer el 5?**
   きのうは いつか でしたか。

   No ayer fue el 9.
   いいえ、ここのか でした。

8 Comprensión de lectura どっかい

Lee los siguientes enunciados. Usa la información para contestar las preguntas de la comprensión de lectura más tarde en esta lección.

① Wa たしの なまえは Emiria– (Emilia) です。

② きのうは wa たしの たん jo うび でした。

　 wa たしは に ju うななさいです。

③ Wa たしの たん jo うびは kurisumasu です。

④ ともだちの purezento は あかい はし でした。

⑤ おとうさんの purezento は にほ n ごの ほ n でした。

⑥ わたしは にほ n が だいすきです。

Hiragana やゆよわをん

や Hiragana Nuevo あたらしい ひらがな

Asegúrate de aprenderte el orden correcto.

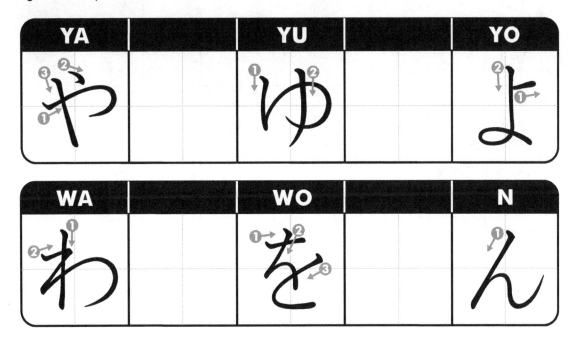

や Varios Estilos スタイル

Observa los varios posibles estilos de hiragana en esta lección. Escribe cada símbolo lo más claro que puedas, y después compáralo con las diferentes versiones a continuación.

や	や	や	や	や		わ	わ	わ	わ	わ
ゆ	ゆ	ゆ	ゆ	ゆ		を	を	を	を	を
よ	よ	よ	よ	よ		ん	ん	ん	ん	ん

や Práctica de escritura れんしゅう

Para practicar el orden de trazo correcto, primero traza los siguientes caracteres de color gris claro, y después escribe cada carácter seis veces para practicar.

ya	や	や					
yu	ゆ	ゆ					
yo	よ	よ					
wa	わ	わ					
wo	を	を					
n	ん	ん					

や Práctica de Palabras ことばの れんしゅう

Escribe el hiragana correcto en los espacios para cada palabra.

1. ___ra う (reír)
   wa

2. だいこ___ (rábano)
   n

3. みず___のむ (tomar agua)
   wo

4. ___ru い (malo)
   wa

5. ___たし (Yo)
   wa

6. ほ___ ___かう (comprar un libro)
   n   wo

7. こ＿＿＿ ＿＿＿ (esta noche)
   　　　 n　 ya

8. ＿＿＿す reru　(olvidar)
   　　 wa

9. えいが ＿＿＿み ru　(ver una película)
   　　　　　 wo

10. き＿＿＿ぞく　(metal)
    　　 n

11. か＿＿＿た＿＿＿　(fácil)
    　　 n　　 n

12. すし＿＿＿たべ ru　(comer sushi)
    　　　 wo

 ## Uso Especial とくべつな つかいかた

❑ La partícula を (wo)

El hiragana を es solo usado como partícula (marcador de objeto). Nunca es usado para cualquier otro propósito. Aunque "wo" es normalmente pronunciado como "o", お jamás puede reemplazar a を como partícula.

> **Enunciados de Ejemplo**
> 1. てがみを (wo) かきます。　　　Escribiré una carta.
> 2. えんぴつを (wo) ください。　　Dame un lápiz por favor.

Palabras Que Puedes Escribir かける ことば

Escribe las siguientes palabras utilizando el hiragana que acabas de aprender. Esta es una gran manera de aumentar tu vocabulario de japonés.

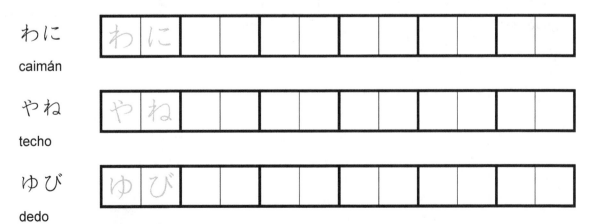

わに
caimán

やね
techo

ゆび
dedo

ゆうべ
anoche

| ゆ | う | べ | | | | | | | | | |

わかめ
alga

| わ | か | め | | | | | | | | | |

こんゃ
esta noche

| こ | ん | や | | | | | | | | | |

かんたん
fácil

| か | ん | た | ん | | | | | | | | |

うわさ
rumor

| う | わ | さ | | | | | | | | | |

ゆびわ
anillo

| ゆ | び | わ | | | | | | | | | |

かんぺき
perfecto

| か | ん | ぺ | き | | | | | | | | |

なんがつ
¿qué mes?

| な | ん | が | つ | | | | | | | | |

や Hiragana De Uso Diario にちじょうの ことば

たいよう

el sol

うわぎ

chaqueta, saco

ゆかた

kimono ligero

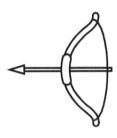

ゆみや

arco y flecha

かわかす

secar

じてん sha

bicicleta

や Conectando El Hiragana ひらがな マッチング

Conecta los puntos entre cada hiragana y el ro-maji correcto.

は・   ・yu

よ・   ・to

ゆ・   ・n

わ・   ・wo (o)

と・   ・ha

や・   ・wa

を・   ・yo

ん・   ・ya

8 | Actividades De Lección

❑ Preguntas

Responde las siguientes preguntas en japonés como si te las estuvieran haciendo directamente a ti. Usa el hiragana que has aprendido al escribir tus respuestas.

1. おとうさんのたん jo うびは いつですか。

   _____

2. Kurisumasu は、なんがつ なんにち ですか。

   _____

3. なんがつが すきですか。

   _____

4. Kyo うは、なんがつ なんにち ですか。

   _____

5. きのうは、なんがつ なんにち でしたか。

   _____

6. こどものひは しちがつよっか ですか。

   _____

❑ Fechas

Escribe las siguientes fechas en japonés.

1. あなたの おかあさんの たん jo うび

   _____

2. けんぽう きねんび

   _____

3. 15 de Marzo

_____

4. ぶんかのひ

_____

5. こどものひ

_____

6. 20 de Abril

_____

❏ Traducción de Japonés

Traduce la siguiente conversación al español. Después, en el espacio después del numero escribe el tipo de conversación que piensas que se está llevando a cabo y si es formal, informal o mixto.

1.
いまいさん: たん jo うびは いつ ですか。
やまださん: さんがつ に ju うさんにち です。あなたのは？
いまいさん: わたしの たん jo うびは あしたです。
やまださん: おめでとう！ なんさい ですか。
いまいさん: さん ju う はっさい です。
いまいさん:
やまださん:
いまいさん:
やまださん:
いまいさん:

❏ Preguntas de comprensión de lectura

Responde las siguientes preguntas acerca de la comprensión de lectura en esta lección.

1. ゆきこさんの たん jo うびは いつでしたか。

_____

2. ゆきこさんは なんさい ですか。

_____

3. ともだちの purezento は なにい ro の はし でしたか。

_____

4. おとうさんの purezento は なんでしたか。

_____

5. ゆきこさんは、にほんが き ra いですか。

_____

❏ Diálogo Corto

Mientras hablaba con el Sr. Hino, el Sr. Honda se da cuenta de que se le olvido el cumpleaños de su novia.

ほんださん:	Kyo うは、なんにちですか。
ひのさん:	ここのかです。
ほんださん:	えっ、なのか ja ないですか。
ひのさん:	いいえ、あしたは、とおかです。
ほんださん:	どうしよう…。きのうは、かの jo の たん jo うびでした。
ひのさん:	ほんとうですか。

Palabras Nuevas y expresiones en el diálogo

Progresivo	Kana	Kanji	Español
どうし yo う	どうしよう	どうしよう	¿qué voy a hacer?
ほ n とうですか。	ほんとうですか。	本当ですか。	¿en verdad?

❑ Actividades de Diálogo Corto

1. Practica leer el siguiente diálogo con una pareja.
2. Habla acerca de las fechas de hoy, ayer y mañana.

❑ Más Palabras Que Puedes Escribir

Deberías practicar las siguientes palabras por lo menos cinco veces cada una. No solo estarás practicando el hiragana nuevo que aprendiste, sino que también aprenderás palabras nuevas.

やね	techo	たんさん	ácido carbónico
ゆうえんち	parque de diversión	ようちえん	kínder
およめさん	la novia (al casarse)	しわ	arrugas
きんようび	Viernes	しんかんせん	tren bala
いわ	piedra	うわさ	un rumor
みずを のむ	beber agua		

8 Ejercicios ドリル

Traduce los siguientes enunciados. Si no estás seguro qué significan, te recomendamos que repases la lección hasta este punto antes de continuar.

1. Kyo うは なんにち ですか。
2. あなたの たん jo うびは なんがつですか。
3. きのうの しごとは なんじまで でしたか。

8 | Construyendo Enunciados ぶんのつくり

En cada lección iremos construyendo enunciados basados en ejemplos anteriores. Observa cómo crece y se transforma mientras introducimos más y más conceptos.

> あなたの おかあさ n のた njo うびは いつですか。
> **¿Cuándo es el cumpleaños de tu mamá?**

Compara como ha cambiado el enunciado desde las lecciones anteriores:

Lección 5:   あなたの おかあさんは なにい ro のく ru まが すきですか。
        ¿Qué color de auto le gusta a tu mamá?

Lección 6:   あなたの おかあさんは なにい ro の く ru まが ほしいですか。
        ¿Qué color de auto quiere tu mamá?

Lección 7:   あなたの おかあさん のく ru まは どこですか。
        ¿Dónde está el auto de tu mama?

Grupos de Vocabulario

K comida y bebida

Progresivo	Kana	Kanji	Español
たまご	たまご	卵	huevo
ごはん	ごはん	ご飯	arroz hervido
miruku	ミルク	ミルク	leche
みず	みず	水	agua
ju–su	ジュース	ジュース	jugo
くり	くり	栗	castaño
pan	パン	パン	pan
keeki	ケーキ	ケーキ	pastel
aisu kuri–mu	アイス・クリーム	アイス・クリーム	helado, nieve
にんじん	にんじん	人参	zanahoria
tomato	トマト	トマト	tomate
だいこん	だいこん	大根	rábano
たまねぎ	たまねぎ	玉ねぎ	cebolla
こ sho う	こしょう	こしょう	pimienta
しお	しお	塩	sal
えび	えび	海老	camarón
にく	にく	肉	carne
poteto	ポテト	ポテト	papa

Lección
9
Nivel ①

Días, Semanas, y Años
Siguiente semana, siguiente mes

9 Acerca De Esta Lección このレッスンについて

Antes De La Lección

1. Poder escribir y leer やゆよわをん.
2. Poder decir las fechas y meses en japonés y saber usar でした.
3. Revisar el grupo de vocabulario K.

Objetivos

1. Aprender los días de la semana y los años.

De Los Maestros

1. Las Palabras Nuevas en esta lección son importantes en conversaciones de uso diario. Unas palabras son similares asi que trata de invertir más tiempo en memorizarlas.

9 Palabras Nuevas あたらしい ことば

Progresivo	Kana	Kanji	Español
なんようび	なんようび	何曜日	¿qué día de la semana?
なんねん	なんねん	何年	¿qué años?
いま	いま	今	ahora
おととい	おととい	一昨日	anteayer
あさって	あさって	明後日	pasado mañana
せん shu う	せんしゅう	先週	semana pasada
こん shu う	こんしゅう	今週	esta semana
ra い shu う	らいしゅう	来週	la siguiente semana
せんげつ	せんげつ	先月	mes pasado
こんげつ	こんげつ	今月	este mes
ra いげつ	らいげつ	来月	el siguiente mes

kyo ねん	きょねん	去年	el año pasado
ことし	ことし	今年	este año
ra いねん	らいねん	来年	el año siguiente
せいねんがっぴ	せいねんがっぴ	生年月日	fecha de nacimiento
がんたん	がんたん	元旦	día de año nuevo
pa–ti–	パーティー	パーティー	fiesta

Días de la Semana ようび

Lunes	げつようび	月曜日
Martes	かようび	火曜日
Miércoles	すいようび	水曜日
Jueves	もくようび	木曜日
Viernes	きんようび	金曜日
Sábado	どようび	土曜日
Domingo	にちようび	日曜日

9 Frases Nuevas あたらしい かいわ

1. なんねん うま re ですか。   ¿En qué año naciste?

2. ＿＿＿＿＿＿ うま re です。   Yo nací en el año ＿＿＿＿＿＿.

9 Clip Cultural: El año nuevo de Japón

En Japón, el año nuevo es el día festivo más importante. Es igual de importante en Japón que la navidad en los países de habla hispana. Desde el 1 de Enero hasta una semana después, Japón para por completo. La mayoría de las tiendas y compañías cierran mientras todos celebran el año nuevo.

9 Gramática ぶんぽう

❑ Expresando el año

ねん literalmente significa "año". Para decir el año simplemente dices el número y le agregas ねん. En el japonés, los años pueden ser representados como en el Español. Por ejemplo, 1998 se diría "mil novecientos noventa y ocho".

Ejemplos

el año 1980	せん kyu う hya くはち ju うねん
el año 1801	せんはっ pya くいちねん
el año 2010	にせん ju うねん
el año 2017	にせん ju うななねん

❑ Diciendo fechas completas incluyendo el año

Las fechas completas en el japonés siempre empiezan con el año, y son seguidas por el mes y por el día del mes. Solo recuerda que el orden siempre es del lapso de tiempo más grande al más pequeño.

AÑO + MES + DIA DEL MES

Ejemplos

1. 11 de Mayo de 2005
   にせんごねん ごがつ ju ういちにち

2. 20 de Enero de 2011
   にせん ju ういちねん いちがつ はつか

3. 5 de Abril de 1999
   せん kyu う hya く kyu う ju う kyu う ねん しがつ いつか

4. 30 de Agosto de 2015
   にせん ju うごねん はちがつ さん ju うにち

❑ Siguiente Viernes, Marzo pasado, etc.

Cuando digas cosas como "el Lunes de la semana pasada" o "Mayo del año siguiente", junta las palabras con の. En los siguientes ejemplos, の significa "de". Igual que cuando decimos fechas completas, el orden es siempre del lapso de tiempo mas largo al más corto.

Ejemplos

1.	ra い shu うのきんようび	Viernes <u>de</u> la siguiente semana
2.	こん shu うのげつようび	Lunes <u>de</u> esta semana
3.	ra いげつの ju うごにち	El 15 <u>del</u> siguiente mes
4.	せんげつのついたち	El primero <u>del</u> mes pasado
5.	ことしのさんがつ	Marzo <u>de</u> este año
6.	kyo ねんのはちがつ	Agosto <u>del</u> año pasado
7.	せん kyu う hya くご ju うねんの にがつ	Febrero <u>de</u> 1950
8.	にせんご hya くねんの ro くがつ	Junio <u>del</u> 2500

---

9 Preguntas Y Respuestas しつもんと こたえ E→J

1. **¿Qué día es?**　　　　　　　　　　なんようび ですか。
   Es Lunes.　　　　　　　　　　　　げつようび です。
   Es Viernes.　　　　　　　　　　　きんようび です。
   Es Miércoles.　　　　　　　　　　すいようび です。

2. **¿Cuándo es el día de gracias?**　　**かん sha さいは いつですか。**
   Es el 27 de Noviembre.　　　　　　Ju ういちがつ に ju うななにち です。
   Fue la semana pasada.　　　　　　せん shu う でした。
   Fue el mes pasado.　　　　　　　　せんげつ でした。
   Es el Jueves de la siguiente semana.　らいしゅうの もくようび です。

3. **¿Cuándo es la fiesta?**　　　　　　**Pa–ti–は いつですか。**
   La fiesta es pasado mañana.　　　　Pa–ti–は あさって です。
   La fiesta es hoy.　　　　　　　　　Pa–ti–は kyo う です。
   Es el Viernes de la siguiente semana.　Ra い shu うの きんようび です。
   Fue ayer.　　　　　　　　　　　　きのう でした。

4. **¿Qué día es hoy?**　　　　　　　　**Kyo うは なんようび ですか。**
    Hoy es Sábado.　　　　　　　　Kyo うは どようび です。
    Hoy es Domingo.　　　　　　　Kyo うは にちようび です。
    No sé.　　　　　　　　　　　　わか ri ません。

5. **¿Qué día fue la navidad de 1935?**　**せん kyu う hya くさん ju うごねんの kurisumasu は なんようび でしたか。**

    Quizás fue Jueves.　　　　　　たぶん、もくようび でした。
    Fue Miércoles.　　　　　　　　すいようび でした。

9　Comprensión de lectura どっかい

Lee los siguientes enunciados. Usa la información para contestar las preguntas de la comprensión de lectura más tarde en esta lección.

① Kyo うは ju うにがつ さん ju うにちです。

② あさっては がんじつです。

③ ことしの がんじつは もくようびです。

④ Kyo ねんの がんじつは すいようびでした。

Hiragana らりるれろ

ら Hiragana Nuevo あたらしい ひらがな

Asegúrate de aprenderte el orden de trazo correcto ya que esto te ayudará a escribir los caracteres más legibles cuando escribas rápido.

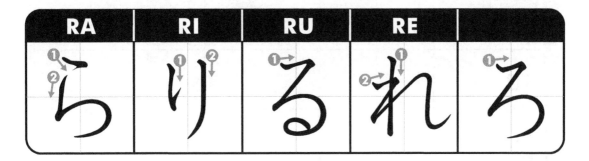

RA	RI	RU	RE	
ら	り	る	れ	ろ

ら Varios Estilos スタイル

Escribe cada carácter lo más claro que puedas ya que podrás compararlo con cada una de las siguientes versiones.

らりるれろ	らりるれろ	らりるれろ	らりるれろ	らりるれろ

ら Práctica de escritura れんしゅう

Para practicar el orden de trazo correcto, primero traza los siguientes caracteres de color gris claro, y después escribe cada carácter seis veces para practicar.

ra	ら	ら					
ri	り	り					
ru	る	る					
re	れ	れ					
ro	ろ	ろ					

ら Práctica de Palabras ことばの れんしゅう

Escribe el hiragana correcto en los espacios para cada palabra.

1. あた＿＿しい (nuevo)
   ra

2. し＿＿ (saber)
   ru

3. ＿＿んあい (amor verdadero)
   re

4. ＿＿んご (manzana)
   ri

5. みせ＿＿ (mostrar)
   ru

6. ＿＿ん shu う (practicar)
   re

7. べん＿＿ (útil)
   ri

8. う＿＿おい (humedad)
   ru

9. かく＿＿んぼ (juego de escondidas)
   re

10. どう＿＿ (carretera)
   ro

11. ＿＿うか (pasillo)
   ro

12. まわ＿＿みち (desvío)
   ri

ら Hiragana De Uso Diario にちじょうの ことば

ねる

dormer, irse a la cama

いくら

huevos salados de salmón

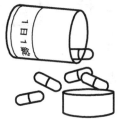

くすり

medicina

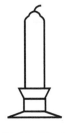

ろうそく

vela

かれい

platija

かみなり

trueno, estruendo

ら Palabras Que Puedes Escribir かける ことば

Escribe las siguientes palabras utilizando el hiragana que acabas de aprender. Esta es una gran manera de aumentar tu vocabulario de japonés.

りか

ciencia

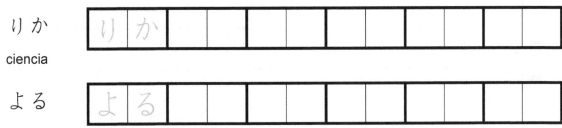

よる

noche

れい
ejemplo

| れ | い | | | | | | | | |

まる
círculo

| ま | る | | | | | | | | |

こおり
hielo

| こ | お | り | | | | | | |

あひる
pato

| あ | ひ | る | | | | | | |

かえる
rana

| か | え | る | | | | | | |

りんご
manzana

| り | ん | ご | | | | | | |

べんり
útil

| べ | ん | り | | | | | | |

ひだり
izquierda

| ひ | だ | り | | | | | | |

みずいろ
azul claro

| み | ず | い | ろ | | | | |

きいろ
amarillo

| き | い | ろ | | | | | | |

ろうそく
vela

ろ	う	そ	く								

さる
mono

さ	る									

ら Conectando El Hiragana ひらがな マッチング

Conecta los puntos entre cada hiragana y el ro-maji correcto.

る ·   · ru

し ·   · shi

り ·   · re

ろ ·   · i

ぬ ·   · ro

れ ·   · ra

い ·   · nu

ら ·   · ri

9 Actividades De Lección

❑ Fechas de Eventos

Escribe los eventos y fechas correspondientes en japonés para las siguientes imágenes.

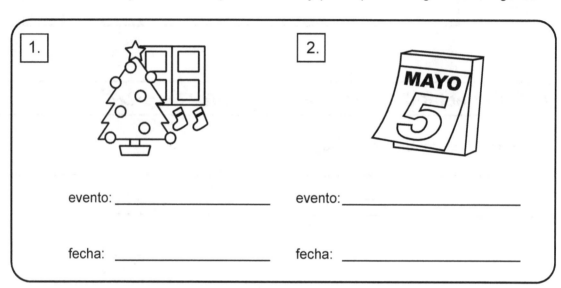

1.

evento: _____

fecha: _____

2.

evento: _____

fecha: _____

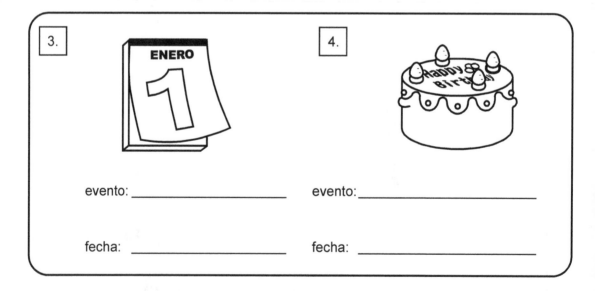

3.

evento: _____

fecha: _____

4.

evento: _____

fecha: _____

❑ Preguntas

Responde las siguientes preguntas en japonés como si te las estuvieran haciendo directamente a ti. Usa el hiragana que has aprendido al escribir tus respuestas.

1. あさっては なんようび ですか。

   _____

2. おとといは なんがつ なんにち でしたか。

   _____

3. かん sha さいは、なんようび ですか。

   _____

4. Kyo ねんは なんねん でしたか。

   _____

5. せんげつの ついたちは なんようび でしたか。

   _____

6. らい shu うの もくようびは なんにち ですか。

   _____

7. せん shu うの どようびは なんにち でしたか。

   _____

8. らいねんは、なんねんですか。

   _____

❑ Traducción de Japonés
Traduce la comprensión de lectura en esta lección al Español.

①
②
③
④

❑ Diálogo Corto
Youko y Takahiro están hablando de sus cumpleaños.

ようこ:	こん shu うの きんようびは わたしの たん jo うびです。
たかひろ:	そうですか。たん jo うび おめでとう。
ようこ:	ありがとう。
たかひろ:	なんねんうまれですか。
ようこ:	せん kyu う hya くなな ju うさんねんうまれです。
たかひろ:	わたしも です。わたしの たん jo うびは せん kyu う hya くなな ju うさんねんの ろくがつ みっかです。
ようこ:	ほんとう？
たかひろ:	たんじょうび pa–ti–は、いつですか。
ようこ:	こんしゅうの どようびです。

Palabras nuevas y expresiones en el diálogo

Progresivo	Kanji	Español
ほんとう？	本当？	¿En serio?
わたしも	私も	Yo también.

❑ Actividades De Diálogo Corto

Practica leer el diálogo con una pareja.

Habla acerca de tu cumpleaños (incluyendo el año) con tu pareja.

Usa las siguientes preguntas:

1. たんじょうびは いつですか / なんがつなんにちですか。
2. なんねんうまれですか。

❑ Más Palabras Que Puedes Escribir

Deberías practicar las siguientes palabras por lo menos cinco veces cada una. No solo estarás practicando el hiragana nuevo que aprendiste, sino que también aprenderás palabras nuevas.

らんぼう	violencia	こんらん	confusión
あらし	tormenta	れんらく	contacto
かみなり	trueno; estruendo	どろぼう	ladrón
どんぐり	bellota	ろうじん	anciano
れいぞうこ	refrigerador	らくがき	grafiti
りゆう	razón	ろうか	pasillo
かいろ	almohadilla de calor	わすれもの	objeto olvidado
めじるし	monumento, marca	めずらしい	raro (adjetivo)
くるま	auto		

9 Ejercicios ドリル

Traduce los siguientes enunciados. Si no sabes qué significan, se te recomienda que revises la lección hasta este punto antes de continuar.

1. Kyo うは なんようび ですか。
2. きんようびは なんにちですか。
3. らい shu うの にちようびは わたしの ともだちの た njo うび です。
4. Kyo ねんの にがつは さむかったですね。

9   Construyendo Enunciados ぶんのつくり

En cada lección iremos construyendo enunciados basados en ejemplos anteriores. El enunciado anterior fue あなたの おかあさん のたん jo うびは いつですか.

ことし、あなたの おかあさんの たん jo うびは なんようび でしたか。
¿En qué día de la semana fue el cumpleaños de tu mamá en este año?

Compara como han cambiado los enunciados desde las lecciones anteriores:

Lección 6:   あなたの おかあさんは なにいろの くるまが ほしいですか。
¿Qué color de auto quiere tu mamá?

Lección 7:   あなたの おかあさんのくるまは どこですか。
¿Dónde está el auto de tu mamá?

Lección 8:   あなたの おかあさんのたん jo うびは いつですか。
¿Cuándo es el cumpleaños de tu mamá?

Grupos de Vocabulario

L   naturaleza

Progresivo	Kanji	Español
やま	山	montaña
あめ	雨	lluvia
たいよう	太陽	sol
つき	月	luna
ゆき	雪	nieve
はる	春	primavera
なつ	夏	verano
あき	秋	otoño
ふゆ	冬	invierno

Lección

10

Nivel ①

Pidiendo cosas

Deme algo, por favor.

10 Acerca De Esta Lección このレッスンについて

Antes De La Lección

1. Poder escribir y leer らりるれろ.
2. Revisar el grupo de vocabulario L.

Objetivos

1. Aprender a como pedir cosas usando "por favor".
2. Aprender a como elegir una cosa sobre la otra usando "esto" y "eso"

De Los Maestros

1. Memorizar las frases nuevas en esta lección. Te serán útiles más adelante.

10 Frases Nuevas あたらしい かいわ

1. いらっ sha いませ。　　　　　　　　　¡Bienvenido! (en un negocio)
2. Sho う sho う おまちください。　　　Espere un momento. (muy formal)
3. Cho っと まってください。　　　　　Espera un poco. (informal)

4. なにが いいですか。　　　　　　　　¿Qué va a querer?
   Esto también significa "¿que esta bueno?" dependiendo de la conversación.

5. ＿＿＿＿が いいです。　　　　　　　Me gustaría un(a) ＿＿＿＿.
   Esta es la respuesta a なにが いいですか。

6. ありがとう ございました。　　　　　Muchas gracias. (tiempo pasado)
   Esto se usa para decir "gracias" por algo que ya sucedió.

7. どうぞ。　　　　　　　　　　　　　　Aquí tiene. /Adelante.

10 Palabras Nuevas あたらしい ことば

Progresivo	Kana	Kanji	Español
いくら	いくら	いくら	¿cuánto?
menyu–	メニュー	メニュー	menú
poteto	ポテト	ポテト	papas fritas
chi–zuba–ga–	チーズバーガー	チーズバーガー	hamburguesa de queso
piza	ピザ	ピザ	pizza
supagetti–	スパゲッティー	スパゲッティー	espagueti
bi–fu	ビーフ	ビーフ	carne de res
sandoicchi	サンドイッチ	サンドイッチ	sándwich
sando	サンド	サンド	sándwich (versión corta)
deza–to	デザート	デザート	postre
あっ！	あっ！	あっ！	¡Oh!
おつり	おつり	お釣	cambio(de dinero)
(お) のみもの	(お) のみもの	飲み物	bebida
たべもの	たべもの	食べ物	comida
おかし	おかし	お菓子	dulce, bocadillo
みそしる	みそしる	味噌汁	sopa de miso
おひや	おひや	お冷	agua fría de beber
お cha	おちゃ	お茶	té verde

10 Gramática ぶんぽう

❑ Por favor deme (estándar)

ください es el equivalente de la palabra "por favor" en el español. ください siempre es usada en un enunciado y no puede ser usada por sí misma. La partícula de objeto directo を marca al objeto que se pide.

> **Deme [*algo*], por favor.**
> **[*algo*] を ください。**

Enunciados de ejemplo
1. Deme algo de agua, por favor.
2. Por favor deme un lápiz.
3. Una manzana, por favor.

みずを ください。
えんぴつを ください。
りんごを ください。

❏ Por favor deme (formal)

おねがい します básicamente significa "por favor" o "Le pido un favor." Es usado de la misma manera en que se usa ください, pero es una manera más formal de pedir algo. El marcador de objeto を marca al objeto que se pide.

┌─────────────────────────────────────┐
Podría darme por favor [*algo*]

[*algo*] を おねがい します。
└─────────────────────────────────────┘

┌───┐
Enunciados de ejemplo
1. みずを <u>おねがい します</u>。   ¿Podría darme por favor un poco de agua?
2. えんぴつを <u>おねがい します</u>。   ¿Podría darme por favor un lápiz?
3. りんごを <u>おねがい します</u>。   ¿Podría darme por favor una manzana?
└───┘

A diferencia de kudasai, おねがいします solo se usa para decir "por favor" o "le pido".

┌───┐
Ejemplo de conversación
1. A: のみものが ほしい ですか。   ¿Quiere una bebida?
   B: おねがい します。   Por favor.
   A: はい、どうぞ。   Aquí tiene.
   B: ありがとう ございました。   Gracias.
└───┘

❏ La diferencia entre ください y おねがい します

ください y おねがい します ambas son formal. Normalmente puedes usar ください sin que se considere grosero para nada. En situaciones en las que estas pidiéndole algo a alguien con estatus mayor al tuyo, o en situaciones en que quieres ser más formal, entonces deberás usar おねがい します.

❏ La partícula も

La partícula も significa "también". Al igual que las otras partículas que has aprendido, viene después de la palabra a la que se refiere. Cuando se le aplica al tema del enunciado toma el lugar de la は o が por completo.

Ejemplos de conversaciones

1. A: なにが すきですか。 ¿Qué te gusta?
   B: Banana が すきです。 Me gustan los plátanos.
   りんご<u>も</u> すきです。 Me gustan las manzanas <u>también</u>.

2. A: なにが いいですか。 ¿Qué le gustaría?
   B: Robusuta–とお cha をください。 Deme una langosta y un té por favor.
   A: わたし<u>も</u> お cha をください。 Deme a mí <u>también</u> un té por favor.

3. A: わたしは じてん sha が きらいです。 Me desagradan las bicicletas.
   B: わたし<u>も</u> きらいです。 A mí <u>también</u> me desagradan.

4. A: わたしは 1998 ねん うまれです。 Yo nací en 1998.
   B: わたし<u>も</u> 1998 ねん うまれです。 Yo <u>también</u> nací en 1998.
   みか cha ん<u>も</u> 1998 ねん うまれです。 Mika <u>también</u> nació en 1998.

❑ Un problema gracioso con la elección de partículas

Aun los hablantes nativos del japonés cometen el típico error de decirle a una muchacha, "Estas bonita el día de hoy," de la siguiente manera:

> **Kyo う<u>は</u> きれい です。**
> **Estas bonita el día de hoy.**

La trampa aquí está en cómo la partícula は le pone énfasis a kyo う. Estas diciendo, "El día de hoy, estas bonita," ¡y esto implica que otros días no esta bonita! Típicamente puedes evitar esto cambiando la は por la も:

> **Kyo う<u>も</u> きれい です。**
> **Estas bonita el día de hoy <u>también</u>.**

Este problema puede suceder en cualquier ocasión en que le des un elogio a alguien. ¡Así que ten cuidado en como escoges las partículas que usas!

❑ Tamaños

En esta lección hablamos de tamaños con las palabras *esu* (S), *emu* (M), y *eru* (L). Como podrás ver, los tamaños son palabras que fueron tomadas prestadas del idioma Inglés. Estas palabras son la manera más común de describir los tamaños de la ropa o de la comida en restaurantes de comida rápida. Para decir, "coca grande", no puedes decir simplemente *eru* y *ko–ra* juntos. Debes convertir a *eru* en un adjetivo の agregándole の. Este es el patrón para todas las palabras de tamaño.

Ejemplos

1. Esu の ko–ra と emu の poteto を おねがいします。
   Deme una coca pequeña y unas papas medianas por favor.

2. Eru の piza が ほしいです。
   Quiero una pizza grande.

10 Preguntas Y Respuestas しつもんと こたえ J→E

1. Conversación entre una mesera y un cliente

A: いらっ sha いませ。
B: おはよう ございます。 ここは なにが おいしいですか。
A: ここは chikin sando がおいしいです。Supagetti–も おいしいです。
B: Ja あ、supagetti–を ください。

A: Bienvenido a la tienda.
B: Buenos Días. ¿Qué tienen que sabe bueno aquí?
A: El sándwich de pollo esta bueno. El espagueti también esta delicioso.
B: Entonces, deme un espagueti por favor.

2. Conversación en una tienda de sándwiches

A: すみません、chikin su–pu は いくらですか。
B: さん bya くえん です。
A: Ja あ、ko–ra と chikin su–pu を ください。

A: ¿Disculpe, cuánto cuesta la sopa de pollo?
B: Cuesta 300 yenes.
A: Entonces, deme una coca y una sopa de pollo por favor.

3. Conversación en el mostrador de un restaurante de comida rápida

A: Chi–zuba–ga–をください。あっ、poteto もください。
B: おのみものは？
A: Ko–hi–をください。
B: はい、sho う sho う おまちください。

A: Una hamburguesa de queso por favor. Oh, y unas papas fritas también por favor.
B: ¿Le gustaría una bebida?
A: Un café, por favor.
B: Entendido, espere un momento por favor.

4. Conversación en una pizzería

A: Piza を おねがいします。 Ko–ra も おねがいします。

B: はい、わかりました。

A: ¿Me podría dar una pizza por favor? Y también una coca, por favor.

B: De acuerdo.

---

10 Preguntas Y Respuestas しつもんと こたえ E→J

1. Conversación en la casa de una amigo

A: ¿Podría darme unos palillos por favor?

B: ¿Cómo?

A: Palillos, por favor.

A: おはしを おねがいします。

B: なん ですか。

A: おはしを ください。

2. Conversación en una pizzería

A: Disculpe. Quiero una pizza. ¿Cuánto cuesta?

B: Las pizzas cuestan 1200 yenes.

A: Si que están baratas.

A: すみません。 Piza が ほしいです。 いくら ですか。

B: Piza は せんに hya くえん です。

A: やすい ですね。

3. Conversación en un restaurante

A: Disculpe. ¿Qué tienen bueno (sabe bueno) el día de hoy?

B: La sopa de res esta buena el día de hoy. Pero la sopa de pollo también esta buena.

A: Entonces, deme la sopa de res por favor.

A: すみません。 kyo うは なにが おいしいですか。

B: Kyo うは bi–fu su–pu が おいしいです。 でも、chikin su–pu も おいしいです。

A: Ja あ, bi–fu su–pu を ください。

4. Conversación en un restaurante

A: Algo de sopa miso, por favor.

B: De acuerdo, espere unos minutos por favor.

B: (5 minutos después) Aquí tiene

A: Y un poco de agua fría también, por favor.

A: みそしるを おねがいします。

B: はい、sho う sho う おまち ください。

B: (5 minutos más tarde) はい、どうぞ。

A: おひやも おねがいします。

---

10 Comprensión de lectura どっかい

Lee las conversaciones a continuación. Si no las entiendas, repasa la gramática de esta lección.

La siguiente conversación se lleva a cabo en un restaurante en Japón.	
Un cliente entra al restaurante …	
Mesera:	いらっ sha いませ！
Cliente:	menyu–をおねがいします。
5 minutos después …	
Cliente:	すみません。
Mesera:	はい。
Cliente:	supagetti–を ください。
Mesera:	おのみものは なにが いいですか。
Cliente:	みずを ください。
Mesera:	はい、sho う sho う おまちください。
10 minutos después …	
Mesera:	はい、どうぞ
Cliente:	ありがとう。お cha と ko–ra をください。
Mesera:	はい、sho う sho う おまちください。
40 minutos después …	
Cliente:	いくら ですか
Mesera:	にせん ご hya く に ju う いちえんです。
Cliente:	はい。
Mesera:	おつりは よん hya く なな ju う kyu うえんです。
	ありがとう ございました。

Hiragana Compuesto

¡Los últimos hiragana son fáciles! Solo hay 33 hiragana oficiales para aprender – pero no dejes que los números te espanten. Todos están compuestos de hiragana que ya conoces. Con solo verlos quizás hasta ya te des una idea del sonido que representan.

Ejemplos

き (ki)	+	や (ya)	=	きゃ (kya)
し (shi)	+	ゆ (yu)	=	しゅ (shu)
ち (chi)	+	よ (yo)	=	ちょ (cho)

きゃ Puntos de Escritura かくポイント

❑ **La manera correcta de escribir los hiragana compuestos**
Cuando escribas hiragana compuesto, Asegúrate de que el segundo carácter sea visiblemente más pequeño que el primer caracter.

ro–maji	correcto	incorrecto
mya	みゃ	みや
ryo	りょ	りよ
chu	ちゅ	ちゆ
kya	きゃ	きや
pya	ぴゃ	ぴや

❑ Hiragana Compuesto

Los siguientes son los hiragana compuestos. Son creados utilizando el hiragana que ya sabes así que no tendrás problemas en aprendértelos.

きゃ kya	きゅ kyu	きょ kyo		ひゃ hya	ひゅ hyu	ひょ hyo
ぎゃ gya	ぎゅ gyu	ぎょ gyo		びゃ bya	びゅ byu	びょ byo
しゃ sha	しゅ shu	しょ sho		ぴゃ pya	ぴゅ pyu	ぴょ pyo
じゃ ja	じゅ ju	じょ jo		みゃ mya	みゅ myu	みょ myo
ちゃ cha	ちゅ chu	ちょ cho		りゃ rya	りゅ ryu	りょ ryo
にゃ nya	にゅ nyu	にょ nyo				

きゃ Práctica de escritura れんしゅう

Para practicar el orden de trazo correcto, primero traza los siguientes caracteres de color gris claro, y después escribe cada carácter seis veces para practicar.

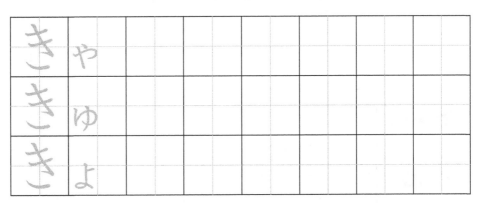

KYA

KYU

KYO

GYA ぎゃ

GYU ぎゅ

GYO ぎょ

SHA しゃ

SHU しゅ

SHO しょ

JA じゃ

JU じゅ

JO じょ

CHA ちゃ

CHU ちゅ

CHO ちょ

NYA にゃ

NYU にゅ

NYO にょ

HYA ひゃ

HYU ひゅ

HYO ひょ

BYA びゃ

BYU びゅ

BYO びょ

PYA ぴゃ

PYU ぴゅ

PYO ぴょ

きゃ Práctica de Palabras ことばの れんしゅう

Escribe el hiragana correcto en los espacios para cada palabra.

1. とう＿＿く (llegada)
   cha

2. さん＿＿く (trescientos)
   bya

3. と＿＿かん (librería)
   sho

4. ＿＿う＿＿う (leche de vaca)
   gyu   nyu

5. さん＿＿く (sierra)
   mya

6. ＿＿うばい (negocio, comercio)
   sho

7. ＿＿うたん (alfombra)
   ju

8. でん＿＿う (recibo, comprobante)
   pyo

9. ＿＿うだい (hermanos)
   kyo

10. ＿＿う＿＿う (dinosaurio)
    kyo   ryu

11. ＿＿うがく (estudiar en el extranjero)
    ryu

12. ＿＿うどん (tazón de res)
    gyu

きゃ Palabras Que Puedes Escribir かける ことば

Escribe las siguientes palabras utilizando el hiragana que acabas de aprender. Esta es una gran manera de aumentar tu vocabulario de japonés.

ちょう
mariposa

ち	ょ	う							

びょうき
enfermo

び	ょ	う	き						

きゅう
nueve

き	ゅ	う							

じゅう
diez

じ	ゅ	う							

りゅう
dragón

り	ゅ	う							

ぎゃく
al revés

ぎ	ゃ	く							

みょうじ
apellido

み	ょ	う	じ						

しゅうり
reparar

し	ゅ	う	り						

きょく
canción

き	ょ	く							

きょうと
Kyoto

き	ょ	う	と						

りょこう
viajar

り	ょ	こ	う						

かいしゃ
compañia

か	い	し	ゃ						

でんしゃ
tren

で	ん	し	ゃ						

きんぎょ

き	ん	ぎ	ょ								

carpa dorada

ちゃわん

ち	ゃ	わ	ん								

taza

きゃ　Hiragana De Uso Diario にちじょうの ことば

ちきゅうぎ
mundo

しゅう
estado

おちゃ
té

べんきょう
estudiar

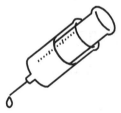

ちゅうしゃ
inyección

しゅうり
reparar

きゃ Conectando El Hiragana ひらがな マッチング

Conecta los puntos entre cada hiragana y el ro-maji correcto.

ぎゃ ・　　　　　・ nyu

みょ ・　　　　　・ shu

しゅ ・　　　　　・ rya

ぴょ ・　　　　　・ ja

りゃ ・　　　　　・ myo

ちょ ・　　　　　・ pyo

じゃ ・　　　　　・ cho

にゅ ・　　　　　・ gya

10 Actividades De Lección

❑ Ejercicios de Gramática 1

¿Cómo pedirías las siguientes cosas en un restaurante? Usa ambos ～をおねがいします y ～をください. Use と (y) si es necesario.

1._____

2._____

3._____

4._____

❑ Ejercicios de Gramática 2

Responde las siguientes preguntas en japonés. Después agrégales un segundo enunciado usando la partícula も (también) o でも (pero) como se muestra en los siguientes ejemplos.

Ej. いぬが すきですか。
- はい、いぬが すきです。 ねこも すきです。
- いいえ、いぬが きらいです。 ねこも きらいです。
- いいえ、いぬが きらいです。 でも、ねこは すきです。

1. あたらしい terebi が ほしいですか。

_____

2. はるが すきですか。

_____

3. Ko–ra は、おいしいですか。

_____

4. あなたの くるまは、おおきいですか。

_____

❑ Creando una conversación

Escribe una conversación original utilizando los conceptos que aprendiste en esta lección.
Ponte a prueba utilizando todos los hiragana que has aprendido en este curso.

_____
_____
_____
_____

❑ Traducción de Japonés

Traduce la siguiente comprensión de lectura en esta lección al Español.

Un cliente entra a un restaurante …

Mesera: _____

Cliente: _____

5 minutos después…

Cliente: _____

Mesera: _____

Cliente: _____

Mesera: _____

Cliente: _____

Mesera: _____

10 minutos después …

Mesera: _____

Cliente: _____

Mesera: _____

40 minutos después ...

Cliente: _____

Mesera: _____

Cliente: _____

Mesera: _____

_____

❑ Diálogo Corto

Sayuri y Chieko están en un restaurante de comida japonesa ordenando comida y bebidas.

Mesera:	いらっしゃいませ。Menyu–を どうぞ。
さゆり:	ここは てんぷらが おいしいです。
ちえこ:	そうですか。じゃあ、てんぷらが いいです。
さゆり:	わたしも てんぷらが すきです。でも、きょうは とんかつが いいです。
ちえこ:	じゃあ、てんぷらと とんかつを おねがいします。
Mesera:	かしこまりました。 おのみものは なにが よろしいですか。
さゆり:	Aisu ti– を ください。
ちえこ:	わたしは おちゃを おねがいします。
Mesera:	かしこまりました。

Palabras nuevas y expresiones en el diálogo

Progresivo	Kanji	Español
てんぷら	天ぷら	frituras de mariscos o vegetales
とんかつ	豚カツ	chuletas de cerdo
なにが よろしいですか。*	何が よろしいですか。	¿Qué le gustaría?
かしこまりました。	かしこまりました。	Por supuesto; De acuerdo.
aisu ti–	アイスティー	té helado

* versión más formal de なにが いいですか？

❑ Actividades de Diálogo Corto

1. Practica leer el diálogo con una pareja.
2. Imagínate que estas en un restaurante. Practica ordenar tu comida y bebida.

❑ Más Palabras Que Puedes Escribir

Deberías practicar las siguientes palabras por lo menos cinco veces cada una. No solo estarás practicando el hiragana nuevo que aprendiste, sino que también aprenderás palabras nuevas.

おきゃくさん	u cliente o invitado	しゅじゅつ	cirugía
じょうだん	una broma	じゅうたん	alfombra
かいじゅう	un monstro	はっぴょう	un anuncio

---

10 Ejercicios ドリル

Traduce los siguientes enunciados. Si no sabes qué significan, te recomendamos que revises la lección hasta este punto antes de continuar.

1. Supagetti–をください。
2. Menyu–を おねがいします。みずも おねがいします。
3. なにが いいですか。

---

10 Construyendo Enunciados ぶんのつくり

En cada lección iremos construyendo enunciados basados en ejemplos anteriores. Observa cómo crece y se transforma mientras introducimos más y más conceptos.

> **Sando をください。**
> **Un sándwich, por favor.**

Grupos de Vocabulario

 palabras de dirección

Progresivo	Kanji	Español
みぎ	右	derecha
ひだり	左	izquierda
うえ	上	arriba
した	下	abajo
きた	北	norte
ひがし	東	este
みなみ	南	sur
にし	西	oeste

N   **cosas alrededor de la casa II**

Progresivo	Kanji	Español
かさ	傘	paraguas
いえ	家	casa
でんわ	電話	teléfono
かぎ	鍵	llave
いす	椅子	silla
ごみばこ	ごみ箱	bote de basura
toire	トイレ	baño, retrete

Lección
11
Nivel ①

Contando Objetos

Contando varias unidades

11 Acerca De Esta Lección このレッスンについて

Antes De La Lección

1. Poder escribir y leer los ひらがな compuestos.
2. Entender los contadores básicos del japonés y saber pedir cosas.
3. Revisar los grupos de vocabulario M y N.

Objetivos

1. Saber contar varios objetos dependiendo de sus características.

De Los Maestros

1. Pon mucha atención a los contadores que se enseñan en esta lección. Sonaras raro si los llegas a confundir. También, si el área de contar no es tu fuerte, ahora sería el momento de repasar la Pre-Lección antes de continuar.

11 Explicación せつめい

Contar cosas en el japonés no es exactamente lo mismo que en el Español. En el japonés, las cosas se cuentan dependiendo de su tamaño o clasificación. ¡Wow, eso sí que es extraño!... Bueno, según lo que alguna gente dice. Pero si te pones a pensar, nosotros también tenemos un sistema similar en el Español.

También contamos las cosas dependiendo de lo que estamos hablando. Por ejemplo, "*una* rebanada de pizza", "dos *cabezas* de ganado", "un banco de peces", o "una bandada de pájaros". Estas son cosas que decimos en el español sin ni siquiera pensar. En esta lección introduciremos los sistemas de contar más comunes en el japonés.

11 Contadores カウンター

¿Cuántos?	Objetos Generales / Abstractos	Chicos / Redondos / Generales	Objetos Largos / Cilíndricos	Objetos Delgados y Largos
	いくつ？	なんこ？	なんぼん？	なんまい？
1	ひとつ	いっこ	いっぽん	いちまい
2	ふたつ	にこ	にほん	にまい
3	みっつ	さんこ	さんぼん	さんまい
4	よっつ	よんこ	よんほん	よんまい
5	いつつ	ごこ	ごほん	ごまい
6	むっつ	ろっこ	ろっぽん	ろくまい
7	ななつ	ななこ	ななほん	ななまい
8	やっつ	はっこ	はっぽん / はちほん	はちまい
9	ここのつ	きゅうこ	きゅうほん	きゅうまい
10	とお	じゅっこ / じっこ	じゅっぽん / じっぽん	じゅうまい
11	じゅういっこ	じゅういっこ	じゅういっぽん	じゅういちまい
12	じゅうにこ	じゅうにこ	じゅうにほん	じゅうにまい
13	じゅうさんこ	じゅうさんこ	じゅうさんぼん	じゅうさんまい
14	じゅうよんこ	じゅうよんこ	じゅうよんほん	じゅうよんまい
15	じゅうごこ	じゅうごこ	じゅうごほん	じゅうごまい
16	じゅうろっこ	じゅうろっこ	じゅうろっぽん	じゅうろっまい
17	じゅうななこ	じゅうななこ	じゅうななほん	じゅうななまい
18	じゅうはっこ	じゅうはっこ	じゅうはっぽん	じゅうはっまい
19	じゅうきゅうこ	じゅうきゅうこ	じゅうきゅうほん	じゅうきゅうまい
20	にじゅっこ / にじっこ	にじゅっこ / にじっこ	にじゅっぽん / にじっぽん	にじゅっまい
100	ひゃっこ	ひゃっこ	ひゃっぽん	ひゃくまい
1000	せんこ	せんこ	せんぼん	せんまい

NOTA: Como podrás ver, después de diez cosas, cada contador continua hasta el infinito en el siguiente patrón de los primeros diez números y las reglas básicas del conteo. Después de diez cosas, el contador de いくつ sigue el patrón del contador なんこ.

Objetos Generales / Abstractos いくつ

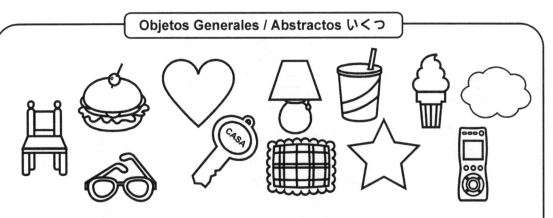

El contador いくつ es el más común y versátil. Puede ser usado para contar casi cualquier cosa como – objetos físicos al igual que abstractos, problemas o ideas. No puede ser usado para contar a gente, animales o criaturas vivas animadas, y normalmente no se usa para contar objetos grandes como aviones. Muchos japoneses usan este contador aunque ya exista un contador correcto. Siempre trata de identificar el contador correcto para lo que vayas a contar, pero cuando no estés seguro usa este. Este contador cambia al contador de なんこ después del 10.

Objetos Redondos / Generales なんこ

El contador なんこ se usa cuando cuentas objetos redondos como fruta, bolas, etc. Los objetos que se están contando no tienen que ser perfectamente redondos. El contador なんこ también puede ser usado como un contador general al igual que いくつ. Sin embargo, no puede ser usado para contar objetos abstractos de la misma manera que se hace con いくつ.

Objetos Largos / Cilíndricos なんぼん

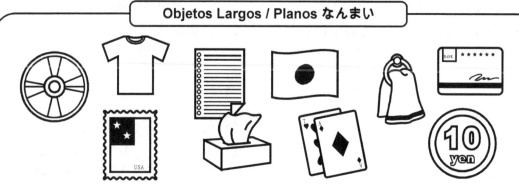

El contador なんぼん es usado para contar objetos que son largos y cilíndricos en su tamaño, como botellas de coca, plumas, piernas y flores (debido a su tallo). También es usado para contar algunas cosas que no pueden parecer largas o cilíndricas, como cintas de video, dientes, y números de vuelos. No te sorprendas cuando escuches este contador usado en una gran variedad de situaciones.

Objetos Largos / Planos なんまい

El contador de なんまい es usado para contar objetos que son largos y planos, como papel, boletos, platos y discos compactos. No puede ser usado para contar libros, revistas, etc. Estos usarían el contador para material publicado de さつ.

11   Palabras Nuevas あたらしい ことば

Progresivo	Kana	Kanji	Español
いくつ	いくつ	いくつ	¿Cuántas cosas?
なんこ	なんこ	何個	¿Cuántos objetos redondos?
なんぼん	なんぼん	何本	¿Cuántos objetos cilíndricos?

なんまい	なんまい	何枚	¿Cuántos objetos delgados y planos?
かみ	かみ	紙	papel
chiketto	チケット	チケット	boletos
はな	はな	花	flores
はた	はた	旗	bandera
ほし	ほし	星	estrella (en el cielo)
karenda–	カレンダー	カレンダー	calendario

11 Gramática ぶんぽう

❑ Los contadores y las partículas

En la lección anterior de ください y おねがい します, aprendiste que la partícula de objeto を sigue después de la cosa que se pide. Sin embargo, esto es solo cierto para el objeto del enunciado y NO para el contador. No importa que contador se utilice, las partículas no vendrán necesariamente después de los contadores.

Ejemplos
(objetos generales, abstractos)

1. ひとつ ください。	Uno, por favor.
2. まくらを みっつ ください。	Tres almohadas, por favor.
3. いすを いつつ ください。	Cinco sillas, por favor.

(objetos redondos, generales)

4. よんこ ください。	Cuatro, por favor.
5. りんごを にこ ください。	Dos manzanas, por favor.
6. Orenji を じゅっこ ください。	Diez naranjas, por favor.

(objetos largos, cilíndricos)

7. ろっぽん ください。	Seis, por favor.
8. えんぴつを いっぽん ください。	Un lápiz, por favor.
9. Banana を ななほん ください。	Siete plátanos, por favor.

(objetos largos, planos)

10. よんまい ください。	Cuatro, por favor.
11. Piza を にまい ください。	Dos rebanadas de pizza, por favor.
12. かみを ごひゃくまい ください。	Quinientas hojas de papel, por favor.

❑ Más

あと significa "más", "aparte," "en adición" y en veces "otro". Se coloca en frente de las cosas numeradas. No hay problema en agregar は después de あと.

Ejemplos de Preguntas Y Respuestas

1. <u>あと</u> いくら ですか。
    ¿Qué tanto <u>más</u> será?

    <u>あと</u> ごひゃくえん です。
    Van a ser quinientos yenes <u>más</u>.

2. <u>あとは</u> どこの resutoran が おいしいですか。
    ¿Qué otro restaurante <u>aparte</u> esta bueno?

    わたしの hoteru の resutoran が おいしいです。
    El restaurante en mi hotel esta bueno.

Ejemplos de Conversaciones

1. Conversación entre amigos.
    A: なにが すきですか。　　　　　　　　¿Qué te gusta?
    B: すしと piza が すきです。　　　　　　Me gusta la pizza y el sushi.
    A: <u>あと</u>、なにが すきですか。　　　　¿Qué <u>más</u> te gusta?
    B: <u>あとは</u>、さしみが すきです。　　　<u>Aparte</u>, me gusta el sashimi.

2. Conversación entre amigos.
    A: <u>あとは</u> なにが いいですか。　　　¿Qué <u>más</u> le gustaría?
    B: みずと supu–n をください。　　　　　Deme agua y una cuchara, por favor.
    A: はい しょうしょう おまちください。　Espere un momento por favor.

---

11 Preguntas Y Respuestas しつもんと こたえ E→J

1. **¿Cuántos vasos hay?**　　　　　　　　**Koppu は いくつ ですか。**
    Hay cinco vasos.　　　　　　　　　　　Koppu は いつつ です。
    Hay uno.　　　　　　　　　　　　　　　ひとつ です。

2. **¿Cuántas naranjas hay?**　　　　　　　**Orenji は なんこ / いくつ ですか。**
    Hay seis naranjas.　　　　　　　　　　Orenji は ろっこ / むっつ です。
    Hay tres.　　　　　　　　　　　　　　　みっつ です。/ さんこ です。

3. **¿Cuántos lápices hay?** えんぴつは なんぼん ですか。
   Hay dos lápices. えんぴつは にほん です。
   Hay veintidós lápices. えんぴつは にじゅうにほん です。
   Hay diez. じゅっぽん です。

4. **¿Cuántos boletos hay?** Chiketto は なんまい ですか。
   Hay siete boletos. Chiketto は ななまい です。
   Hay 100 boletos. Chiketto は ひゃくまい です。
   Hay doce. じゅうにまいです。

5. **¿Cuántas flores rosas hay?** Pinku のはなは なんぼん ですか。
   Hay una flor rosa. Pinku のはなは いっぽん です。
   Hay tres. さんぼん です。

6. **¿Cuántas estrellas moradas hay?** むらさきの ほしは いくつ ですか。
   Hay 39 estrellas moradas. むらさきの ほしは さんじゅうきゅうこです。
   Hay 70 estrellas moradas. むらさきの ほしは ななじゅっこです。

7. **¿Qué le gustaría?** なにが いいですか。
   Tres rebanadas de pizza por favor. Piza を さんまい ください。
   Un poco de agua y un plátano por favor. みずと banana を いっぽん ください。

11 Preguntas Y Respuestas しつもんと こたえ J→E

1. **Karenda-は なんまい ですか。** ¿Cuántos calendarios hay?
   ななじゅういちまい です。 Hay 71.
   Hya くにじゅうごまい です。 Hay 125.
   いちまん よんせんまい です。 Hay 14,000.

2. **Ko-ra は なんぼん ですか。** ¿Cuántas cocas hay?
   はっぽん です。 Hay ocho.
   よんほん です。 Hay cuatro.

3. **Ko-ra は あと なんぼん ですか。** ¿Cuántas latas de coca más?
   あと ろっぽん ください。 Seis latas más, por favor.
   あと いっぽん ください。 Una lata más, por favor.

4. **あとは いくつが いいですか。** ¿Qué tantas más le gustaría?
   あと ふたつ ください。 Dos más, por favor.
   あと じゅうろっこ ください。 Dieciséis más, por favor.

5. **Banana は なんぼん ですか。**   **¿Cuántos plátanos hay?**
   じゅうごほん です。   Hay quince.
   たぶん ろっぽん です   Quizás hay seis.

6. **Piza は なんまい ほしい ですか。**   **¿Cuántas rebanadas de pizza quiere?**
   さんまい ほしい です。   Quiero tres.
   Piza は ほしくない です。   No quiero pizza.

11 Mini Conversaciones ミニ かいわ

1. **Conversación en la taquilla de boletos para un concierto**
   A: Cuatro boletos, por favor.
   B: De acuerdo.
   A: ¡Oh! Dos boletos más, por favor.
   B: De acuerdo. Siete, ¿verdad?
   A: No, eso no. Seis boletos, por favor.

   A: Chiketto を よんまい ください。
   B: はい。
   A: あっ、あと にまい ください。
   B: はい。ななまい ですね。
   A: いいえ、ちがいます。chiketto を ろくまい ください。

2. **Conversación en una fuente de sodas en la playa**
   A: Por favor deme unas cocas.
   B: ¿Cuántas?
   A: Dos, por favor.

   A: Ko–ra を ください。
   B: なんぼん ですか。
   A: にほん ください。

Hiragana: Siguiente Paso

Felicidades en aprenderte el hiragana!

Aquí tienes unos cuantos consejos para reforzar lo que has aprendido:

¡Usemos el hiragana en nuestra vida cotidiana!

Escribe palabras en hiragana en papelitos adhesivo "post-it" y pégalas en las cosas en tu casa. Hasta puedes escribir しお y こしょう en tu salero y pimentero usando un marcador permanente. Esto reforzara tus habilidades aun cuando no estés pensando en ellas.

¡Lee manga!

Algunos manga (historietas japonesas) y libros para niños tienen hiragana pequeño a lado del kanji que se usa en el diálogo. Cuando el hiragana se usa de esta manera se le llama "furigana". Trata de buscar furigana cuando compres manga para que te ayude a estudiar. ¡Es una gran manera y efectiva de estudiar japonés!

¡Sigue aprendiendo!

¡Tu siguiente paso es aprender el katakana! Ya llegaste muy lejos, así que sigue con la misma viada. Estamos seguros de que vas a disfrutar el aprender katakana con el Libro 2 de ¡Japonés desde Cero!

11 Actividades De Lección

❑ Preguntas Japonesas

Responde las siguientes preguntas en japonés como si te las estuvieran haciendo directamente a ti. Usa el hiragana que has aprendido al escribir tus respuestas (excepto por las preguntas en katakana).

1. うまの あしは なんぼん ですか。

_____

2. Amerika の はたの ほしは なんこ ですか。

_____

3. えんぴつが なんぼん ほしいですか。

_____

4. Piza が なんまい ほしいですか。

_____

❑ Preguntas en español

Traduce las siguientes preguntas en japonés. Escribe todas tus respuestas en hiragana.

1. ¿Cuántas estrellas blancas hay?   ☆☆★★☆☆

_____

2. ¿Cuántos lápices hay?   ✏✏✏✏✏✏✏ .

_____

3. ¿Cuántos dedos hay? (¡incluyendo los pulgares!)   ✋✋

_____

4. ¿Cuántas banderas hay?   🏳🏳🏳🏳🏳🏳

_____

5. ¿Cuántos relojes hay? 🕐🕐🕐🕐

❑ Ejercicios de Gramática

¿Cómo pedirías las siguientes cosas? Escribe los enunciados con おねがいします y
ください. Asegúrate de usar el contador correcto y cantidad en cada enunciado.

Ej.
Keeki を <u>みっつ</u> ください。
Keeki を <u>みっつ</u> おねがいします。

1. _____

_____

2. _____

_____

3. _____

hamburguesas de
queso
_____

4. _____

_____

5. _____

_____

❑ Diálogo Corto

Juan y Masami están en un bar de sushi.

Chef de Sushi: いらっしゃい。

Juan: すみません、いくらと はまちを ください。

Chef de Sushi: はい！ そちらの おきゃくさんは？

まさみ：   わたしは おみそしるを ひとつと おちゃを
おねがいします。きょうの おすすめは なんですか。

Chef de Sushi: そうですね。 きょうは あまえびが おいしいです。

まさみ：   じゃあ、それを ひとつ、ください。

Juan   あと、えだまめも ください。

まさみ：   わたしも えだまめが ほしいです。
おさらを にまい、おねがいします。

Chef de Sushi: はい、わかりました！

Palabras nuevas y expresiones en el diálogo

Progresivo	Kanji	Español
いらっしゃい	いらっしゃい	bienvenido (abreviación: いらっしゃいませ)
いくら	いくら	huevos de salmón
はまち	ハマチ	atún de aleta amarilla
おきゃくさん	お客さん	cliente
おすすめ	お薦め	recomendación
あまえび	あまえび	camarón dulce
えだまめ	枝豆	soja verde
そちら	そちら	versión formal de そっち (ahí)

❑ Actividades De Diálogo Corto

1. Practica leer el diálogo con una pareja.
2. Practica ordenar cosas en un bar de sushi.

11 Ejercicios ドリル

Traduce los siguientes enunciados. Si no estás seguro qué significan, te recomendamos que repases la lección hasta este punto antes de continuar.

1. Ko–ra を さんぼん ください。
2. りんごを じゅっこ おねがいします。
3. かみを ごまい ください。
4. いくつ ほしいですか。
5. あと ここのつ ください。

11 Construyendo Enunciados ぶんのつくり

En cada lección iremos construyendo enunciados basados en ejemplos anteriores. Observa cómo crece y se transforma mientras introducimos más y más conceptos.

> **Sando を よっつ ください。**
> **Cuatro sándwiches, por favor.**

Compara como han cambiado los enunciados desde las lecciones anteriores:

Lección 10: Sando を ください。

　　　　　　Un sándwich, por favor.

Grupos de Vocabulario

O   en la escuela

Progresivo	Kanji	Español
せんせい	先生	maestro
ほん	本	libro
じしょ	辞書	diccionario
おてあらい	お手洗い	baño, lavabo
えんぴつ	鉛筆	lápiz
おんがく	音楽	música

P   en la oficina, etc.

Progresivo	Kanji	Español
けいたいでんわ	携帯電話	teléfono celular
おかね	お金	dinero
ko–hi–	コーヒー	café
たばこ	たばこ	cigarros
めがね	めがね	lentes
pasokon	パソコン	PC (computadora)
no–to pasokon	ノートパソコン	computadora laptop
めいし	名刺	tarjeta de negocios

Q   insectos

Progresivo	Kanji	Español
ごきぶり	ごきびり	cucaracha
あり	蟻	hormiga
はえ	蝿	mosca

Lección
12
Nivel ①

Verbos Japoneses

Conjugación de Verbos Formal

Bienvenido a los verbos japoneses. ¡Aquí es donde el japonés se pone divertido! Empezaremos lento con solo cuatro verbos y cuatro formas. Apréndetelos bien y no tendrás problemas en entender las formas de verbos que le siguen.

12 Acerca De Esta Lección このレッスンについて

Antes De La Lección

1. Poder escribir y leer todos los ひらがな.
2. Repasar el grupo de vocabulario O, P y Q.

Objetivos

1. Aprender a conjugar los verbos en sus estilos formales.
2. Aprender a usar la partícula に.

De Los Maestros

1. La forma de diccionario de un verbo (equivalente a nuestro infinitivo) es la más importante. Échale ganas en memorizarte estas y otras formas de verbos que veras en lecciones futuras.

12 Palabras Nuevas あたらしい ことば

Progresivo	Kana	Kanji	Español
なにご	なにご	何語	¿Qué lenguaje?
なにじん	なにじん	何人	¿Qué nacionalidad?
rosanzerusu	ロサンゼルス	ロサンゼルス	Los Ángeles
rasu begasu	ラスベガス	ラスベガス	Las Vegas
shikago	シカゴ	シカゴ	Chicago
kariforunia	カリフォルニア	カリフォルニア	California
kanada	カナダ	カナダ	Canadá
かんこく	かんこく	韓国	Corea

ちゅうごく	ちゅうごく	中国	China
ぎんこう	ぎんこう	銀行	banco
ふく	ふく	服	ropa
～し	～し	～市	～ Ciudad
～しゅう	～しゅう	～州	～ Estado
～けん	～けん	～県	～ Prefectura
～ご	～ご	～語	～ lenguaje
～じん	～じん	～人	～ nacionalidad

12   Frases Nuevas あたらしい かいわ

1. おひさしぶりです。
2. なにごが はなせますか。
3. ＿＿＿＿＿＿が はなせます。

Ha pasado mucho tiempo.
¿Qué idiomas puedes hablar?
Yo puedo hablar ＿＿＿＿＿＿＿

12   Gramática ぶんぽう

❏ Conversación formal contra informal

En el japonés, es común usar lenguaje formal con gente que no conoces, o que tiene un estatus social mayor al tuyo. Por ejemplo, cuando hables con un extraño en la calle o con tu jefe, debes de usar la conjugación formal de los verbos.

Sin embargo, si está hablando con familia, amigos, o gente que tiene un estatus igual o menor al tuyo, será más natural el hablar con un estilo informal. Hasta que tu japonés llegue a un nivel más avanzado, te sugerimos que uses japonés formal para crear buenos hábitos de conversación en el japonés.

❏ Conjugando verbos en estilo formal

La "forma de diccionario" de un verbo es la única versión que está en el diccionario. Es la forma más básica de un verbo sin conjugación. De esta forma del verbo, podrás conjugarlo en muchas otras formas usando patrones sencillos. Veamos los cuatro verbos que aprenderemos en esta lección:

Forma De Diccionario	Verbo en Español	Tipo De Verbo
いく	ir	regular
くる	venir	irregular
かえる	regresar, ir a casa, llegar a casa..	regular
わかる	entender, saber	regular

Esta tabla de hiragana te será útil para conjugar la forma de diccionario en otras formas. Esta es una tabla corta – no tiene listado a todos los hiragana.

ら ra	ま ma	ば ba	な na	た ta	さ sa	が ga	か ka	あ a	forma あ
り ri	み mi	び bi	に ni	ち chi	し shi	ぎ gi	き ki	い i	forma い
る ru	む mu	ぶ bu	ぬ nu	つ tsu	す su	ぐ gu	く ku	う u	forma う
れ re	め me	べ be	ね ne	て te	せ se	げ ge	け ke	え e	forma え
ろ ro	も mo	ぼ bo	の no	と to	そ so	ご go	こ ko	お o	forma お

Las formas

Observa como las hileras de la tabla anterior han sido marcadas como forma あ, い, う, え, お.

Quizás hayas notado que cada verbo nuevo en esta lección termina con un hiragana en la forma う. Esto no es coincidencia – porque *todos* los verbos en el idioma japonés en la forma de diccionario terminan con el hiragana de la forma う.

Por ejemplo, el verbo いく (ir) termina con く. くる (venir), わかる (entender), y かえる (regresar) todas terminan en る. Ambas く y る son una forma de hiragana う.

Tipos de Verbos

Cada verbo en esta lección ha sido marcado como regular o irregular. La mayoría de los verbos en el japonés son verbos regulares. Normalmente los llamamos "regulares" porque hay muchos de ellos y siguen exactamente el mismo patrón de conjugación.

Generalmente, los verbos irregulares no siguen ninguna regla lógica. Los patrones de los verbos irregulares deben de ser memorizados. Lo bueno es que solo hay una pequeña cantidad de verbos irregulares.

Haciendo la conversión

Para hacer la versión formal de los verbos regulares, el <u>último</u> hiragana de la forma de diccionario debe de ser cambiado a la forma い.

Paso 1: Convertir el último hiragana en la forma い

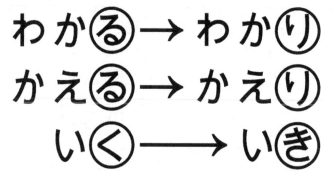

Vuelve a observar la tabla de hiragana al principio de esta lección. ¿Puedes ver la る? Súbete en esa misma columna hasta la り. El primer paso para conjugar los verbos regulares en sus estilos formales es cambiar el último hiragana a la forma い.

Recuerda que este patrón NO va a servir para los verbos irregulares como くる (venir), sólo para los verbos regulares.

En el Libro 2 de "¡Japonés desde Cero!" aprenderás a usar la tabla de hiragana para hacer más conjugaciones de verbos.

Después de cambiar la forma de diccionario a la forma い, lo único que ocupas hacer es agregar una de las siguientes terminaciones para completar el verbo:

Terminaciones de verbo formales			
Presente / Futuro Positivo	Presente / Futuro Negativo	Pasado Positivo	Pasado Negativo
~ます haré~, hacer~, voy a ~	~ません no haré~, no hagas~	~ました hice~	~ません でした no hice~

Paso 2: Agregar la terminación.

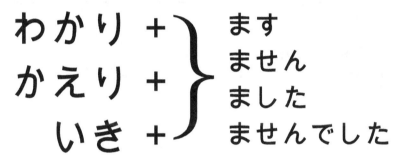

Ahora conjuguemos cada uno de los verbos regulares en esta lección.

わかり**ます**   entender
わかり**ません**   no entender, no entenderá
わかり**ました**   entendido, entendió
わかり**ませんでした**   no entendió

いき**ます**   iré, ir
いき**ません**   no iré, no ir
いき**ました**   fue
いき**ませんでした**   no fue

かえり**ます**   regresaré, regresar
かえり**ません**   no regresaré, no regresar
かえり**ました**   regresó
かえり**ませんでした**   no regresó

El único verbo en esta lección que no es regular es くる (venir). Recuerda: los verbos irregulares no siguen el patrón que te mostramos anteriormente – sus patrones te los vas a tener que memorizar.

くる se conjuga de la siguiente manera:

き<u>ます</u>	vendrá, venir
き<u>ません</u>	no vendrá, no venir
き<u>ました</u>	vino
き<u>ませんでした</u>	no vino

❑ Las partículas de lugar に y へ

Ahora que ya tienes verbos para moverte, ¿A dónde vas a ir? Para eso están las partículas de lugar.

に y へ (aunque se escribe como へ, se pronuncia como え) ambas son partículas de lugar y de destino. Son colocadas después de los lugares. En el español, に y へ ambas pueden significar "a."

Hay diferencias entre como se usan に y へ. に es usada para marcar un lugar exacto, como, "Voy a ir a Francia" (Furansu に いきます). La partícula へ es usada cuando vas a una dirección en general, como "voy hacia el sur" (みなみへ いきます).

En el Japón moderno, la mayoría de los japoneses combinan libremente la に y la へ sin tomar en consideración las reglas de la gramática. No sería equivocado decir Furansu へ いきます. La clave para recordar es que los lugares requieren de un marcador de lugar. Para evitar confusiones, de aquí en adelante utilizaremos に como el marcador de lugar y de destino estándar.

に como marcador de lugar

Ejemplos

とうきょうに	<u>a</u> Tokio
がっこうに	<u>a</u> la escuela
ぎんこうに	<u>al</u> banco
にほんに	<u>a</u> Japón

Ahora combinemos los lugares con los verbos.

Enunciados de Ejemplo

1. とうきょうに いきます。	Voy a Tokio.
2. ぎんこうに いきました。	Fui al banco.
3. がっこうに いきませんでした。	No fui a la escuela.
4. おおさかに いきません。	No iré a Osaka.

❏ La partícula de tiempo に

に también es usada para marcar el tiempo en un enunciado. Cuando se usa con el tiempo puede significar "en" o "a las".

に como marcador de tiempo

Ejemplos

いちがつに	<u>en</u> Enero
かようびに	<u>en</u> Martes
ろくじに	<u>a las</u> seis

Ahora combinemos la hora con los verbos.

Enunciados de Ejemplo

1. いちがつに いきます。	Voy a ir <u>en</u> Enero.
2. かようびに いきました。	Fui <u>en</u> Domingo.

❏ Uso de la partícula de tiempo con きょう、せんしゅう、らいねん etc.

No necesitas agregarle partícula de tiempo a palabras como きょう (hoy), あした (mañana) etc. Estas palabras no son "especificas de tiempo" como "Lunes" o "Enero". El agregarles に sería igual de extraño que decir "Voy a ir EN mañana" o "No fui EN ayer".

La regla es igual para palabras como "esta semana", "el siguiente mes" y "el año pasado". Una manera fácil de aprenderse esta regla es: "Si no usas EN o A LAS en el Español, entonces no vas a usar に en el japonés." Observa los siguientes enunciados:

Enunciados de Ejemplo

1. らうしゅう いきます。	Voy a ir la siguiente semana.
2. きのう いきました。	Fui ayer.
3. きょねん いきませんでした。	No fui el año pasado.
4. こんしゅう いきません。	No voy a ir esta semana.

❑ Estructura de enunciado usando verbos

Los verbos siempre vienen al final del enunciado en el japonés. Y al igual que か se le agrega a です para hacer una pregunta, puedes agregar か después del verbo para hacer una pregunta. En los siguientes ejemplos usaremos el tiempo, lugar y palabras interrogatorias.

Ejemplos de Preguntas Y Respuestas

1. どこに いきますか。
   <u>¿A</u> dónde vas?

   にほんに いきます。
   Voy <u>a</u> Japón.

2. いえに かえりましたか。
   ¿Regresaste a casa?

   いいえ、ともだちのいえに いきました。
   No, fui <u>a</u> la casa de un amigo.

3. いつ きますか。
   ¿Cuándo vas a venir?
   さんがつに いきます。
   Iré <u>en</u> Marzo.

4. なんにちに いきますか。
   ¿En qué día del mes vas a ir?

   ふつかに いきます。
   Voy a ir <u>en</u> el segundo.

5. いつ にほんに いきますか。
   ¿Cuándo vas a ir a Japón?

   らいねんの いちがつに いきます。
   Voy a ir <u>en</u> el próximo Enero.

6. きのう、がっこうに いきましたか。
   ¿Fuiste a la escuela ayer?

   いいえ、いきませんでした。でも、あした いきます。
   No, no fui. Pero iré mañana.

❑ Usando el verbo わかる

Cuando uses わかる para decir que entiendes algo, deberás usar が para marcar la cosa que entiendes.

> **Enunciados de Ejemplo**
> 1. にほんごが わかります。 Entiendo japonés.
> 2. にほんごが わかりません。 No entiendo japonés.
> 3. かれは えいごが わかりません。 Él no entiende Inglés.

❑ Lenguajes y nacionalidades

Al agregar ご (lenguaje) y じん (gente) después del nombre de un país, podrás crear lenguajes y nacionalidades. Por ejemplo, España en japonés es "supein". Para decir "Idioma Español," dirías supein ご. Rusia en japonés es "roshia". Para decir que alguien es ruso, dirías roshia じん.

Español	País	Gente	Lenguaje
Japón	にほん	にほんじん	にほんご
Corea	かんこく	かんこくじん	かんこくご
China	ちゅうごく	ちゅうごくじん	ちゅうごくご
España	supein	supein じん	supein ご

Nota: Esto funciona para muchos países pero no para todos.

Español	País	Gente	Lenguaje
América	amerika	amerika じん	えいご
Filipinas	firipin	firipin じん	tagaragu ご
México	mekishiko	mekishiko じん	supein ご

> **Enunciados de Ejemplo**
> 1. Furansu ごが わかりますか。 ¿Entiendes Francés?
> 2. Jon さんは kanada じん です。 Jon es Canadiense.
> 3. ようこさんは supein ごが はなせます。 Youko puede hablar Español.

---

12 Preguntas Y Respuestas しつもんと こたえ E→J

1. **¿Cuándo vas a regresar?** いつ かえりますか。
   Voy a regresar en Mayo. 5がつに かえります。
   Voy a regresar el 22. 22にちに かえります。
   Voy a regresar la siguiente semana. らいしゅう かえります。

2. **¿Vas a ir?**
    Si, voy a ir.
    No, no voy a ir.

    いきますか。
    はい、いきます。
    いいえ、いきません。

3. **¿A dónde vas?**
    Voy a la Ciudad de Miyazaki.
    Voy a la casa de un amigo.
    Voy a la Prefectura de Hyougo.

    どこに いきますか。
    みやざきしに いきます。
    ともだちの いえに いきます。
    ひょうごけんに いきます。

4. **¿Vas a ir a Tokio?**
    Si, voy a ir a Tokio.
    No, no voy a ir a Tokio.

    とうきょうに いきますか。
    はい、とうきょうに いきます。
    いいえ、とうきょうに いきません。

5. **¿Vas a venir a la fiesta?**
    Si, voy a ir.
    No, no voy a ir.

    Pa–ti–に きますか。
    はい、いきます。
    いいえ、いきません。

6. **¿Fuiste a Japón?**
    Si, fui a Japón.
    No, no fui a Japón.

    にほんに いきましたか。
    はい、にほんに いきました。
    いいえ、にほんに いきませんでした。

7. **¿Cuándo vas a regresar?**
    Voy a regresar mañana.
    Voy a regresar el domingo.

    いつ かえりますか。
    あした かえります。
    にちようびに かえります。

8. **¿Vas a venir mañana?**
    Si, voy a ir.
    No, no voy a ir.
    No, voy a ir pasado mañana.

    あした、きますか。
    はい、いきます。
    いいえ、いきません。
    いいえ、あさって いきます。

9. **¿Cuándo regresaste a Canadá?**
    No regrese.
    Regrese el miércoles.

    いつ kanada に かえりましたか。
    かえりませんでした。
    すいようびに かえりました。

10. **¿De qué nacionalidad eres?**
    Soy Mexicano.
    Soy Coreano.
    Soy Chino.
    Soy Americano.

    なにじん ですか。
    Mekishiko じん です。
    かんこくじん です。
    ちゅうごくじん です。
    Amerika じん です。

12 | Preguntas Y Respuestas しつもんと こたえ J→E

1. **ふるたさんは ちゅうごくごが がわかりますか？**
   ¿Sabe chino el Sr. Furuta?

   いいえ。でも、かんこくごが わかります。
   No. Pero sabe coreano.

2. **なにごが はなせますか。**
   ¿Qué idiomas hablas?

   Supein ごと えいごが はなせます。
   Puedo hablar Español e Inglés.

   ちゅうごくごと かんこくごと にほんごが はなせます。
   Puedo hablar Chino, Coreano y Japonés.

12 | Mini Conversaciones ミニ かいわ J→E

1. **Conversación entre amigos**
   A: どこに いきますか。
   B: おじいさんの いえに いきます。
   A: おじいさんの いえは どこですか。
   B: Rasu begasu です。

   A: ¿A dónde vas?
   B: Voy a la casa de mi abuelo.
   A: ¿Dónde está la casa de tu abuelo?
   B: En Las Vegas.

2. **Conversación en el teléfono entre amigos**
   A: いつ amerika に かえりますか。
   B: すいようびに かえります。
   A: あなたの おかあさんも かえりますか。
   B: はい、おかあさんも かえります。

   A: ¿Cuándo vas a regresar a América?
   B: Voy a regresar el Miércoles.
   A: ¿También va a regresar tu mamá?
   B: Si, también va a regresar mi mamá.

3. **Conversación entre amigos que no se han visto en un tiempo**

   A: おひさしぶりです。
   B: いつ かえりましたか。
   A: おととい かえりました。

   A: Cuanto tiempo sin verte.
   B: ¿Cuándo regresaste?
   A: Regrese antier.

4. **Conversación entre amigos**

   A: だれが pa–ti–に きますか。
   B: よしこさんと けいこさんが きます。
   A: よしこさんと けいこさんは だれですか。
   B: わたしの ともだちです。

   A: ¿Quién va a venir a la fiesta?
   B: Yoshiko y Keiko van a venir.
   A: ¿Quiénes son Yoshiko y Keiko?
   B: Son mis amigas.

5. **Conversación entre dos compañeros de trabajo**

   A: いつ amerika に いきましたか。
   B: Amerika に いきませんでした。
   A: じゃ、どこに いきましたか。
   B: かんこくに いきました。

   A: ¿Cuándo fuiste a América?
   B: Yo no fui a América.
   A: Entonces, ¿a dónde fuiste?
   B: Fui a Corea.

6. **Conversación en el trabajo**

   A: なにごが はなせますか。
   B: ちゅうごくごと えいごと にほんごが はなせます。
   A: すごいですね。なにじんですか。
   B: にほんじんです。

   A: ¿Qué lenguajes puedes hablar?
   B: Puedo hablar Chino, Inglés y Japonés.
   A: Eso es increíble. ¿De qué nacionalidad eres?
   B: Soy Japonés.

12 Comprensión de lectura どっかい

Lee los siguientes enunciados. Usa la información para contestar las preguntas de la comprensión de lectura más tarde en esta lección.

① ここは amerika の shikago し です。

② まりさんは じゅうがつ みっかに にほんに いきました。

③ きのう shikago しに かえりました。

④ まりさんと ともだちの よしこさんは あした pa-ti-に いきます。

⑤ まりさんの ふくは しろです。

⑥ よしこさんのは orenji です。

⑦ あしたは harowi-n (Halloween) です。

⑧ まりさんは pa-ti-が だいすき です。

⑨ くがつに よしこさんの おとうさんの たんじょうび pa-ti-に いきました。

⑩ らいねんの しちがつ とおかに かんこくに いきます。

12 Actividades De Lección

❏ Ejercicios de Gramática

Llena los espacios en blanco con las formas de los verbos adecuados.

Forma de Diccionario	Estilo Formal			
	Presente / Futuro		Pasado	
	positivo	negativo	positivo	negativo
いく	いきます			
くる		きません		
かえる			かえりました	
わかる				わかりませんでした

❏ Ejercicios de Substitución

Reemplaza las palabras subrayadas con las palabras a continuación.

> **Ej.** あした <u>kanada</u> に いきます。
> → Japón   あした にほんに いきます。

1. きょう <u>ぎんこう</u>に いきません。

   → escuela   _____

   → McDonald's   _____

   → casa de un amigo _____

2. たなかさんは、<u>おととい</u> とうきょうに かえりました。

   → ayer   _____

   → Viernes Pasado   _____

   → 5 del mes Pasado _____

3. やまもとさんは、<u>にほんに</u> かえりませんでした。

   → América   _____

   → Los Ángeles   _____

   → Chicago   _____

4. やまださんは、<u>さんがつに</u> ここに きます。

   → 2 del sig. mes   _____

   → siguiente Sábado_____

   → Mayo del sig. año_____

5. おかあさんの いえに <u>いきます</u>。

   → no voy a ir   _____

   → fui   _____

   → no fui   _____

6. たむらさんの おとうさんは、<u>にほんごが</u> わかります。

   → Inglés   _____

   → computadora   _____

   → hiragana y katakana   _____

❑ Preguntas de comprensión de lectura

Responde las siguientes preguntas acerca de la comprensión de lectura en esta lección.

1. まりさんは きのう どこに かえりましたか。

    _____

2. まりさんの ともだちの なまえは なんですか。

    _____

3. きょうは なんがつ なんにち ですか。

    _____

4. まりさんは くがつに どこに いきましたか。

    _____

5. まりさんは らいねん どこに いきますか。

    _____

6. ここは どこですか。

    _____

7. まりさんは はちがつに どこに いきましたか。

    _____

❑ **Diálogo Corto**

El Sr. Tanaka ve a la Sra. Smith (Sumisu) en la calle y empiezan una conversación.

Sumisu さん:	たなかさん、こんにちは。
たなかさん:	Sumisu さん、こんにちは。 きょうは あついですね。
Sumisu さん:	はい、あついです。
たなかさん:	どこに いきますか。
Sumisu さん:	いまから ①がっこうに いきます。
たなかさん:	②なんの がっこう ですか。
Sumisu さん:	③にほんごがっこう です。
たなかさん:	そうですか。 わたしは いまから ④しごとに いきます。

Palabras Nuevas y expresiones en el diálogo

Progresivo	Kanji+	Español
いまから	今から	a partir de ahora
なんの？	何の？	¿Qué? ¿Cuál? ¿Qué tipo de?
きょうは あついですね。	今日は暑いですね。	Ahora sí que hace calor.

❑ **Actividades de Diálogo Corto**

Practica leer el diálogo anterior con una pareja.
Substituye del ①-④ con las siguientes palabras
y vuelve a intentar la conversación.

A) ① Películas (えいが)
  ② ¿Qué película es?
  ③ Cualquier película
  ④ Voy a ir al banco

B) ① Fiesta
    ② ¿De qué (tipo) de fiesta es?
    ③ fiesta escolar
    ④ Voy a ir a casa

C) ① McDonald's
    ② ¿Dónde está?
    ③ Esta allá
    ④ Voy a ir a la escuela

❑ Traducción de Japonés

Traduce la siguiente conversación del Español al Japonés.

1.	
Ryouhei:	Voy a ir a China.
Nobuko:	Fui el año pasado. ¿Cuándo vas a ir?
Ryouhei:	El 20 del siguiente mes.
Nobuko:	¿Cuándo vas a regresar?
Ryouhei:	Quizás el 30.
Nobuko:	Que bien.
Ryouhei:	
Nobuko:	
Ryouhei:	
Nobuko:	
Ryouhei:	
Nobuko:	

12 | Ejercicios ドリル

Traduce los siguientes enunciados. Si no estás seguro qué significan, te recomendamos que repases la lección hasta este punto antes de continuar.

1. どこに いきますか。
2. いつ かえりますか。
3. きんようびに いきました。
4. にほんごが わかりますか。
5. なんがつに いきますか。

12 | Construyendo Enunciados ぶんのつくり

En cada lección iremos construyendo enunciados basados en ejemplos anteriores. Observa cómo crece y se transforma mientras introducimos más y más conceptos.

> **あした にほんに いきます。**
> **Mañana, voy a ir a Japón.**

Lección
13
Nivel ①

Diciendo la Hora
Horas y Minutos

13 Acerca De Esta Lección このレッスンについて

Antes De La Lección

1. Revisa todos los grupos de vocabulario.
2. Saber conjugar los verbos en sus estilos formales.

Objetivos

1. Aprender a decir la hora en Japonés.
2. Aprender a usar la forma から(de) y まで(hasta).

De Los Maestros

1. から(de) y まで(hasta) ambas son usadas para la hora y lugar, y son partículas muy útiles. Asegúrate de tomarte el tiempo requerido para aprender cómo se usan.
2. Revisa todo lo que has aprendido en este libro. Te dará las bases para el nivel 2. ¡Buena Suerte!

13 Palabras Nuevas あたらしい ことば

Progresivo	Kana	Kanji	Español
なんじ	なんじ	何時	¿qué hora?
はん	はん	半	media hora (:30)
ごぜん	ごぜん	午前	AM (también significa mañana)
ごご	ごご	午後	PM (también significa tarde)
くうこう	くうこう	空港	aeropuerto
じゅぎょう	じゅぎょう	授業	clase
arubaito	アルバイト	アルバイト	trabajo de medio tiempo
やすみ	やすみ	休み	día libre, descanso

13 Hora じかん

la hora - じ					
la una	いちじ	一時	las siete	しちじ	七時
las dos	にじ	二時	las ocho	はちじ	八時
las tres	さんじ	三時	las nueve	くじ	九時
las cuatro	よじ	四時	las diez	じゅうじ	十時
las cinco	ごじ	五時	las once	じゅういちじ	十一時
las seis	ろくじ	六時	las doce	じゅうにじ	十二時

さんじ　　しちじ　　よじ　　じゅういちじ　　くじ

minutos - ふん、ぷん		
1 minuto	いっぷん	一分
2 minutos	にふん	二分
3 minutos	さんぷん	三分
4 minutos	よんぷん	四分
5 minutos	ごふん	五分
6 minutos	ろっぷん	六分
7 minutos	ななふん	七分
8 minutos	はっぷん / はちふん	八分
9 minutos	きゅうふん	九分
10 minutos	じゅっぷん / じっぷん	十分
11 minutos	じゅういっぷん	十一分
12 minutos	じゅうにふん	十二分
13 minutos	じゅうさんぷん	十三分
14 minutos	じゅうよんぷん	十四分
15 minutos	じゅうごふん	十五分
16 minutos	じゅうろっぷん	十六分

17 minutos	じゅうななふん	十七分
18 minutos	じゅうはっぷん / じゅうはちふん	十八分
19 minutos	じゅうきゅうふん	十九分
20 minutos	にじゅっぷん / にじっぷん	二十分
25 minutos	にじゅうごふん	二十五分
30 minutos	さんじゅっぷん / さんじっぷん	三十分
35 minutos	さんじゅうごふん	三十五分
40 minutos	よんじゅっぷん / よんじっぷん	四十分
45 minutos	よんじゅうごふん	四十五分
50 minutos	ごじゅっぷん / ごじっぷん	五十分
55 minutos	ごじゅうごふん	五十五分
60 minutos	ろくじゅっぷん / ろくじっぷん	六十分

しちじ	じゅうじ	くじ	よじ	しちじ
よんぷん	はっぷん	じゅういっぷん	よんじゅっぷん	にじゅうごふん

13 Gramática ぶんぽう

❏ AM y PM

ごぜん significa ambos mañana y AM ごご significa ambos tarde y PM. Siempre se colocan en frente de la hora.

Ejemplos
1. ごぜん ごじ — 5:00 AM
2. ごぜん じゅうにじ じゅっぷん — 12:10 AM
3. ごご ろくじ — 6:00 PM
4. ごご しちじ いっぷん — 7:01 PM
5. ごご いちじ よんじゅうごふん — 1:45 PM

❑ Media

はん significa la media hora. Siempre se dice después de la hora.

Ejemplos

1. じゅうじ はん   10:30
2. さんじ はん   3:30
3. にじ はん   2:30

Enunciados de Ejemplo

1. にじはんに いきます。   Voy a ir a las 2:30.
2. しちはんに かえります。   Voy a regresar a las 7:30.
3. ともだちは じゅうじはんに きました。   Mi amigo vino a las 10:30.

❑ Usando la partícula から

から significa "de" o "desde," dependiendo del contexto. Viene después de una hora o lugar para decir "desde esta hora" o "de este lugar". Es usada al igual que su equivalente en el español.

から con la hora

Ejemplos

1. なんじ から   ¿<u>desde</u> qué hora?
2. はちがつ から   <u>desde</u> Agosto
3. いつ から   ¿<u>desde</u> cuándo?
4. さんじはん から   <u>desde</u> las 3:30
5. げつようび から   <u>desde</u> el Lunes

から con lugares

Ejemplos

1. どこ から   <u>desde</u> donde
2. あそこ から   <u>desde</u> allá
3. にほん から   <u>de</u> Japón
4. しごと から   <u>desde</u> el trabajo
5. ともだちのいえから   <u>desde</u> la casa de un amigo

Ejemplos de Preguntas Y Respuestas

1. なんじから いきますか。
   ごじから いきます。

   ¿desde qué hora vas a ir?
   Voy a ir desde las cinco.

2. しごとは なんじから ですか。
   しちじはんから です。

   ¿desde qué hora es tu trabajo?
   Desde las 7:30.

3. どこから きましたか。
   あおもりけんから きました。
   みやざきしから きました。

   ¿de dónde vienes?
   Vengo de la Prefectura de Aomori.
   Vengo de la Ciudad de Miyazaki.

4. いつ にほんから かえりますか。
   あした かえります。

   ¿Cuándo vas a regresar de Japón?
   Voy a regresar mañana.

5. なつは きょうからですか。

   いいえ、あさってからです。

   ¿el verano es desde ahora?
   (¿Empieza el verano ahora?)
   No, es desde pasado mañana.

❏ Usando la partícula まで

まで significa "hasta". Viene después de una hora o lugar para decir "hasta esta hora" o "hasta este lugar". Cuando まで es usado con un lugar, el lugar es el destino final. También puede significar "hasta que" o "a". Recuerda que まで y に son diferentes. En la mayoría de los casos, に puede ser usado como un marcador de destino único y まで puede ser usado como un marcador de destino final.

まで con la hora

Ejemplos

1. なんじ まで   ¿hasta qué hora?
2. いつ まで   ¿hasta cuándo?
3. さんじ まで   hasta las tres
4. いちがつ まで   hasta Enero
5. きょう まで   hasta ahora

まで con lugar

Ejemplos

1. とうきょう まで   hasta Tokio
2. どこ まで   ¿hasta cuándo?
3. しごと まで   hasta el trabajo

Ejemplos de Preguntas Y Respuestas

1. どこまで いきますか。
   ほっかいどうまで いきます。

   ¿<u>Hasta</u> dónde (que tan lejos) vas?
   Voy <u>a</u> (hasta) Hokkaido.

2. しごとは なんじまで ですか。
   しちじはんまで です。

   ¿<u>Hasta</u> qué hora es tu trabajo?
   <u>Hasta</u> las 7:30.

3. どこまで いきましたか。
   あおもりけんまで いきました。

   ¿<u>Hasta</u> dónde (que tan lejos) fuiste?
   Fui <u>a</u> (hasta) la Prefectura de Aomori.

4. がっこうは なんじまで ですか。
   さんじはんまで です。

   ¿<u>Hasta</u> qué hora es la escuela?
   <u>Hasta</u> las 3:30.

13 Mini Conversaciones ミニ かいわ J→E

1. Conversación entre compañeros de trabajo

A: しごとは なんじ<u>から</u> なんじまで ですか。
B: ごぜん はちじ<u>から</u> ごご ご<u>じまで</u> です。
A: いつ かえりますか。
B: ごじはんに かえります。

A: ¿<u>Desde</u> qué hora <u>hasta</u> qué hora es tu trabajo?
B: Es <u>desde</u> las 8 AM <u>hasta</u> las 5 PM.
A: ¿Cuándo vas a regresar a casa?
B: Voy a regresar a las 5:30.

2. Conversación entre amigos

A: ふゆは いつから いつまで ですか。
B: ふゆは じゅうがつから にがつまで です。
A: ちがいます。
B: ごめんなさい。ふゆは じゅうにがつから さんがつまで です。

A: ¿Desde cuándo hasta cuándo es el Invierno?
B: El Invierno es desde Noviembre hasta Febrero.
A: No es cierto.
B: Perdón. El Invierno es desde Diciembre hasta Marzo.

3. **Conversación entre amigos**
   A: きょう、どこから どこまで いきますか。
   B: なごやしから ひめじしまで いきます。
   A: でんしゃは なんじですか。
   B: じゅういちじ よんじゅうさんぷん です。

   A: ¿Desde dónde hasta dónde vas a ir ahora?
   B: Voy a ir desde la Ciudad de Nagoya hasta la Ciudad de Himeji.
   A: ¿A qué horas es el tren?
   B: Es a las 11:43.

4. **Conversación entre hermanos**
   A: おかあさんは いつ きますか。
   B: らいしゅうの どようびに きます。
   A: なんじに?
   B: ごぜん しちじに。

   A: ¿Cuándo va a venir mamá?
   B: Ella va a venir el siguiente Sábado.
   A: ¿A qué horas?
   B: A las 7 AM.

5. **Conversación entre amigos**
   A: Pa–ti–は なんじからなんじまで ですか。
   B: ごご ろくじから ごぜん いちじまで です。
   A: わかりました。 ありがとう。

   A: ¿Desde qué hora hasta qué hora es la fiesta?
   B: Es desde las 6 PM hasta la 1 AM.
   A: De acuerdo. Gracias.

6. **Conversación entre amigos**
   A: なんじの ひこうき ですか。
   B: ひこうきは ごごはちじ じゅうななふん です。
   A: くうこうに なんじに いきますか。
   B: ろくじはんに いきます。

   A: ¿A qué hora es tu vuelo? (ひこうき puede significar "vuelo" y "avión")
   B: El avión (mi vuelo) es a las 8:17 PM.
   A: ¿A qué hora vas a ir al aeropuerto?
   B: Voy a ir a las 6:30.

7. Conversación entre vecinos

A: Kurisumasu の pa–ti–は いつですか。
B: らいしゅうの どようびの しちじからです。
A: なんじまでですか。
B: たぶん じゅうにじまで です。

A: ¿Cuándo es la fiesta de navidad?
B: Empieza a las siete el siguiente Sábado.
A: ¿A qué horas termina?
B: Quizás hasta las doce.

13 Preguntas Y Respuestas しつもんと こたえ E→J

1. **¿Qué hora es?**
   Son las dos.
   Son las 6:12.

   なんじ ですか。
   にじ です。
   ろくじ じゅうにふん です。

2. **¿Qué hora es?**
   Son las doce.
   Son las tres.
   Son las cuatro.

   なんじ でしたか。
   じゅうにじ でした。
   さんじ でした。
   よじ でした。

3. **¿Desde qué hora es tu trabajo?**
   Mi trabajo es desde las ocho.
   Mi trabajo es desde las siete.

   あなたの しごとは なんじから ですか。
   わたしの しごとは はちじから です。
   わたしの しごとは しちじから です。

4. **¿A qué hora vas a ir?**
   Voy a ir a las tres.
   No voy a ir.

   なんじに いきますか。
   さんじに いきます。
   いきません。

5. **¿A qué hora vas a regresar?**
   Voy a regresar a las 6:30.
   No voy a regresar.

   なんじに かえりますか。
   ろくじはんに かえります。
   かえりません。

6. **¿A qué hora llegaste?**
   Llegue a las 4:15.
   Llegue ayer.

   ここに なんじに きましたか。
   よじ じゅうごふんに きました。
   きのう きました。

7. **¿Hasta cuándo es tu descanso?**　　　　やすみは いつまで ですか。
   Mi descanso es hasta Agosto.　　　　　やすみは はちがつまで です。
   Es hasta la siguiente semana.　　　　　らいしゅうまで です。

8. **¿Desde cuándo te gusta el Japonés?**　　いつから にほんごが すき でしたか。
   Me ha gustado desde los quince años.　じゅうごさいから すきでした。
   Me ha gustado desde el año pasado.　　きょねんから すきでした。

13 Comprensión de lectura どっかい

Lee los siguientes enunciados. Usa la información para contestar las preguntas de la comprensión de lectura más tarde en esta lección.

① ここは にほんごの がっこうです。

② ここに Samu (Sam) さんは ごぜん じゅうじに きました。

③ Jon さんは じゅうじ じゅうごふんに きました。

④ きょうの じゅぎょうは じゅうじはんから ごご いちじまで です。

⑤ Samu さんは にじに いえに かえります。

⑥ ごご よじに しごとに いきます。

⑦ Samu さんの しごとは よじはんから ごぜん いちじはんまで です。

⑧ Samu さんの しごとは hoteru の しごとです。

⑨ Jon さんは にじはんに supein ごの がっこうに いきます。

⑩ Supein ごの がっこうは さんじまで です。

⑪ いえに ろくじに かえります。

⑫ ごご はちじから arubaito です。

⑬ しちじ ごじゅうごふんに いきます。

⑭ Arubaito は じゅうにじまで です。

⑮ Jon さんの arubaito は makudonarudo です。

3 Actividades De Lección

❑ **Ejercicios**

Escribe la hora que se muestra en cada reloj en Japonés.

1. _____ 2. _____ 3. _____

4. _____ 5. _____ 6. _____

7. _____ 8. _____ 9. _____

❑ **Pregunta y respuesta**

Responde las siguientes preguntas en japonés como si te las estuvieran haciendo
directamente a ti. Escribe todas las respuestas en hiragana.

1. しごと / がっこうは なんじからですか。

_____

2. なんじに しごと / がっこうに いきますか。

_____

3. なんようびに しごと / がっこうに いきますか。

_____

4. なんじに いえに かえりますか。

_____

5. いま、なんじですか。

_____

6. にほんごの じゅぎょうは なんじから なんじまで ですか。

_____

7. あなたの にほんごのせんせいは だれですか。

_____

8. ふゆは なんがつから なんがつまで ですか。(Diciembre a Febrero)

_____

9. なつは なんがつから なんがつまで ですか。(Junio a Septiembre)

_____

❑ **Preguntas de comprensión de lectura**

Responde las siguientes preguntas acerca de la comprensión de lectura en esta lección.
Escribe las respuestas en hiragana (excepto por las palabras en katakana).

1. ここは どこですか。

_____

2. だれが にほんごの がっこうに じゅうじに きましたか。

_____

3. きょうの じゅぎょうは いつですか。

_____

4. Samu さんの しごとは なんじから なんじまでですか。

_____

5. Samu さんは いえに なんじに かえりましたか。

_____

6. Jon さんの arubaito は なんじから なんじまで ですか。

_____

7. Jon さんは なんじに にほんごがっこうに きましたか。

_____

8. Jon さんは にじはんに どこに いきますか。

_____

❏ Traducción de Japonés

Traduce las siguientes conversaciones al Español.

1.

Ａさん： いつから しごとですか。
Ｂさん： にがつ ようかから です。
Ａさん： しごとは なんじから なんじまで ですか。
Ｂさん： ごぜん はちじから ごご よじまで です。

2.

Ａさん： いま なんじ ですか。
Ｂさん： よじ にじゅっぷん です。
Ａさん： よじはんに いえに かえります。
Ｂさん： いえは どこ ですか。
Ａさん： あそこ です。

3.

Ａさん： あしたから にほんに かえります。
Ｂさん： いつまで ですか。
Ａさん： はちがつ じゅうごにちまで です。
Ｂさん： そうですか。 いいですね。

❑ Traducción de Español

Traduce las siguientes conversaciones al Japonés.

1.

Sr. A:	¿Cuándo llegaste?
Sra. B:	Llegue a las nueve.
Sr. A:	¿En dónde está tu amigo?
Sra. B:	Mi amigo no vino.
Sr. A:	¿Dónde está tu amigo en este momento?
Sra. B:	El está en casa en este momento.

2.

Sra. A:	¿A qué hora es tu avión?
Sr. B:	Es a las 10:30 a.m.
Sra. A:	¿A qué hora vas a ir al aeropuerto?
Sr. B:	Voy a ir a las 9:00.
Sra. A:	De acuerdo.

3.	
Sr. A:	¿Desde qué hora es tu trabajo de medio tiempo?
Sr. B:	Es desde la 1:00 p.m.
Sr. A:	¿Te gusta tu trabajo de medio tiempo?
Sr. B:	No, no me gusta.

❑ Ejercicios de Partícula

Llena los espacios en blanco con las partículas correspondientes.

1. わたし _____ しごと _____ はちじ _____ ごじ _____です。

2. せんげつ _____ じゅうごにち _____ もくようびでした。

3. なんじ _____ いえ _____ かえります _____ ?

4. やまださん _____ くるま _____ しろ _____ gure– です。

5. いぬ _____ すきです。 でも、 ねこ _____ きらいです。

6. あたらしい じてんしゃ _____ ほしいです。

7. どれ _____ たなかさん _____ ほん です_____ ?

8. かようび _____ とうきょう_____ いきます。

9. Hanba–ga– _____ poteto _____ おねがいします。Ko–ra _____ (también) おねがいします。

❏ **Diálogo Corto**

El Sr. Hashimoto está hablando con el Sr. Watanabe acerca de sus planes para el fin de semana.

わたなべさん： はしもとさん、あしたも はちじから しごとですか。

はしもとさん： いいえ、あしたは やすみです。

わたなべさん： いいですね。あしたは どこに いきますか。

はしもとさん： あしたは おおさかに いきます。

わたなべさん： ひこうきですか。

はしもとさん： はい。くじの ひこうきです。 くうこうに
はちじに いきます。

わたなべさん： そうですか。いつ かえりますか。

はしもとさん： らいしゅうの かようびに とうきょうに かえります。

❏ **Actividades de Diálogo Corto**

1. Practica leer el diálogo con una pareja.
2. Hablan acerca de tus planes de fin de semana.
   - Usa los nuevos verbos: ～に いきます / きます / かえります

13 | Ejercicios ドリル

Traduce los siguientes enunciados. Si no estás seguro qué significan, te recomendamos que repases la lección hasta este punto antes de continuar.

1. なんじに いきますか。
2. でんしゃは なんじですか。
3. がっこうは いちじから はちじまで です。
4. あなたの しごとは なんじから ですか。
5. ごぜん ろくじに くうこうに いきます。

13 | Construyendo Enunciados ぶんのつくり

En cada lección iremos construyendo enunciados basados en ejemplos anteriores. Observa cómo crece y se transforma mientras introducimos más y más conceptos.

> ### あした、ごご さんじに にほんに いきます。
> **Mañana voy a ir a Japón a las 3 p.m.**

Compara como han cambiado los enunciados desde las lecciones anteriores:

Lección 12: あした、ごご さんじに にほんに いきます。

Mañana, voy a ir a Japón.

APÉNDICES

Frases Cotidianas

Apellidos

Nombres de niñas

Nombres de niños

Hoja de Respuestas

Glosario de Español

Glosario de Romaji

Glosario de Kana

Mapa de Japón

Frases Cotidianas

A   Saludos あいさつ

1. Buenos días.   Ohayou gozaimasu. / Ohayou.
2. Buenas tardes.   Konnichiwa.
3. Buenas noches.   Konbanwa.
4. Buenas noches.   Oyasuminasai. / Oyasumi.
5. Adiós.   Sayounara.

6. Gracias.   Doumo arigatou. / Arigatou.
7. Muchas gracias.   Doumo arigatou gozaimasu.
8. De nada.   Dou itashimashite.

9. Mucho tiempo sin verte.   Shibaraku deshita.
10. Cuanto tiempo sin verte.   Ohisashiburi desu. (estándar)
11. Cuanto tiempo sin verte.   Gobusata shite orimasu. (formal)
12. Feliz Cumpleaños.   Tanjoubi omedetou.
13. Feliz Año Nuevo.   Akemashite omedetou.

14. Adiós.   Bai bai.
15. Nos vemos.   Jaa ne. / Jaa.
16. Nos vemos de nuevo.   Jaa mata. / De wa mata.
17. Adiós.   Sayounara.

B   Como presentarse じこしょうかい

18. Mucho gusto.   Hajimemashite.

19. ¿Cuál es tu nombre?   Onamae wa nan desu ka.
20. Yo soy <u>Tanaka</u>.   (cortés y humilde) <u>Tanaka</u> to moushimasu.
21. Yo soy <u>Tanaka</u>.   (simple pero correcto) <u>Tanaka</u> desu.

22. Encantado.   Yoroshiku onegai shimasu.
    No hay una traducción exacta, pero esta frase se usa cuando conoces a alguien por primera vez, y normalmente después de decir tú nombre. También es usada en muchas otras ocasiones para significar, "le pido que", cuando alguien le pido algo a otra persona.

23. ¿De dónde eres? — Doko kara kimashita ka.
24. Vengo de _____. — _____ kara kimashita.
25. ¿En dónde vives? — Doko ni sundeimasu ka.
26. Vivo en ____. — _____ ni sundeimasu.
27. ¿Cuántos años tienes? — Nan-sai desu ka.
28. Tengo 25 años de edad. — Ni juu go sai desu.
29. ¿De cuantos años me veo? — Nan-sai ni miemasu ka.
30. Te ves de____. — _____ ni miemasu.

C Comunicación コミュニケーション

31. Estoy estudiando japonés. — Nihongo o benkyou shiteimasu.
32. ¿Entiendes? — Wakarimasu ka.
33. Si, entiendo. — Hai, wakarimasu.
34. No, no entiendo. — iie, wakarimasen.

35. ¿Puedes hablar japonés? — Nihongo ga hanasemasu ka.
36. ¿Puedes hablar Inglés? — Eigo ga hanasemasu ka.
37. Un poco. — Sukoshi.
38. Para nada. — Zenzen.

39. Vuélvelo a decir por favor. — Mou ichido itte kudasai.
40. Por favor habla más despacio. — Motto yukkuri itte kudasai.
41. Por favor habla más claro. — Motto hakkiri itte kudasai.
(esto puede ser descortés)

42. Espere un momento, por favor. — Chotto matte kudasai.
43. Adelante. / Por favor. — Douzo.
44. Disculpe. — Sumimasen.
45. Perdón. / Perdóneme. — Gomen nasai.

46. ¿Cómo es en japonés? — Nihongo de nan desu ka.
47. ¿Cómo es en Inglés? — Eigo de nan desu ka.
48. ¿Cómo es en español? — Supeingo de nan desu ka.

D De compras ショッピング

48. ¿Cuánto cuesta? — Ikura desu ka.
49. Cuesta 400 yenes. — Yon hyaku en desu.

50. Cuesta 22 dólares.   Ni juu ni doru desu.
51. Cuesta _____ dólares.   _____ doru desu.
52. Cuesta _____ yen.   _____ en desu.

53. Esta caro.   Takai desu.
54. Esta barato.   Yasui desu.

E   En un restaurante / Comiendo レストランで

55. Un menú, por favor.   Menyu– o kudasai.
56. Agua, por favor.   Mizu o kudasai.
57. Más, por favor.   Motto kudasai.
58. _____ por favor.   _____ o kudasai.
59. Esta delicioso.   Oishii desu.
60. No sabe bueno.   Oishikunai desu.
61. Tengo hambre.   Onaka ga sukimashita.
62. Tengo sed.   Nodo ga kawakimashita.
63. Estoy lleno.   Onaka ga ippai desu.
64. Voy a recibir.   Itadakimasu. (se dice antes de comer)
65. Fue una buena comida.   Gochisou sama deshita.
    Se dice después de una comida, normalmente cuando alguien te hizo de comer o pagó por tu comida.

F   Entrando y Saliendo はいるとき、でるとき

66. Voy a ir y regresar.   Ittekimasu.
    Siempre dicho por la persona que va a regresar.

67. Ve y ten cuidado.   Itterasshai.
    Siempre se le dice a la persona que va a regresar del lugar del que se va a ir.

68. Ya regrese.   Tadaima.
69. Bienvenido a casa.   Okaerinasai.
70. Disculpa por molestarte.   Ojama shimasu.
    Se dice cuando se entra a la casa de alguien.

71. Discúlpame por haberte molestado.   Ojama shimashita.
    Se dice cuando se va a ir de la casa de alguien.

G En el teléfono でんわで

72.	¿Bueno?	Moshi moshi. (en el teléfono)
73.	¿Se encuentra el <u>Sr. Honda</u>?	<u>Honda san</u> wa irasshaimasu ka.
74.	¿Se encuentra _____?	_____ san wa irasshaimasu ka.

H Ordenes / Peticiones

75.	Por favor muéstremelo.	Misete kudasai.
76.	Por favor guíeme.	Annai shite kudasai.
77.	Por favor cómetelo.	Tabete kudasai.
78.	Por favor léelo.	Yonde kudasai.
79.	Por favor dilo.	Itte kudasai.
80.	Por favor escríbelo.	Kaite kudasai.
81.	Por favor míralo. / Por favor mira.	Mite kudasai.
82.	Por favor entra.	Kite kudasai.
83.	Por favor detente.	Yamete kudasai.

Apellidos

❑ Apellidos comunes en Japonés y sus significados

Algunos significados de los apellidos de la gente son fácilmente entendidos, mientras que otros son misteriosos e imprecisos. La mayoría de los nombres tienen un significado relacionado al mundo natural. El significado de los nombres es determinado por su kanji.

Nombre	Hiragana	Kanji	Posible significado
Aoki	あおき	青木	árbol azul (verde)
Endou	えんどう	遠藤	glicinia lejana
Fujita	ふじた	藤田	campo de glicinia
Hasegawa	はせがわ	長谷川	rio de valle largo
Hashimoto	はしもと	橋本	puente principal
Hayashi	はやし	林	bosques
Higashi	ひがし	東	este
Honda	ほんだ	本田	campo de arroz principal
Ikeda	いけだ	池田	lago de campo de arroz
Inoue	いのうえ	井上	sobre el pozo
Ishikawa	いしかわ	石川	lago de piedras
Itou	いとう	伊藤	gran glicinia
Kawada	かわだ	川田	rio de campo de arroz
Kawamoto	かわもと	川本	rio principal
Kimura	きむら	木村	pueblo de arboles
Kobayashi	こばやし	小林	bosque pequeño
Matsumoto	まつもと	松本	pino principal
Mikami	みかみ	三上	arriba de tres
Minami	みなみ	南	sur
Mori	もり	森	bosque
Nakajima	なかじま	中島	isla interna
Nakamura	なかむら	中村	bosque interno
Nakano	なかの	中野	terreno interno
Nishida	にしだ	西田	campo de arroz del oeste
Nishimura	にしむら	西村	pueblo del oeste
Ogawa	おがわ	小川	rio pequeño
Sasaki	ささき	佐々木	árbol que ayuda
Satou	さとう	佐藤	glicinia que ayuda
Shimizu	しみず	清水	agua clara
Suzuki	すずき	鈴木	árbol campana
Takahashi	たかはし	高橋	puente alto
Takenaka	たけなか	竹中	bambú interno

Tamura	たむら	田村	pueblo de campo de arroz
Tanaka	たなか	田中	campo de arroz interno
Tashiro	たしろ	田代	campo substituto
Uchida	うちだ	内田	campo interno
Watanabe	わたなべ	渡辺	cruzando el vecindario
Yamada	やまだ	山田	campo de arroz de montaña
Yamaguchi	やまぐち	山口	saluda de montaña
Yamamoto	やまもと	山本	montaña principal
Yamashita	やました	山下	debajo de la montaña
Yamazaki	やまざき	山崎	península de montaña
Yoshida	よしだ	吉田	buen campo de arroz

Nombres de Niñas

❑ **Nombres japoneses comunes de niñas**

Estos son nombres japoneses de niñas. El significado para cada nombre depende del kanji que se usa. Los kanji que se pueden usar para cada nombre son incontables.

Nombre	Hiragana	Kanji Posible
Ai	あい	愛
Akemi	あけみ	明美
Akiko	あきこ	明子、秋子
Asami	あさみ	麻美
Asuka	あすか	飛鳥、明日香
Aya	あや	綾、彩、亜矢
Ayaka	あやか	綾香、亜矢香
Ayako	あやこ	綾子、亜矢子
Chikako	ちかこ	千賀子、千香子
Chiyoko	ちよこ	千代子、知世子
Erika	えりか	絵里か
Etsuko	えつこ	悦子、恵津子
Haruka	はるか	春香
Hideko	ひでこ	秀子、英子
Hiroko	ひろこ	弘子、広子
Hisako	ひさこ	久子、寿子、比沙子
Hitomi	ひとみ	瞳
Kaori	かおり	香、香里
Kazuko	かずこ	和子、員子
Keiko	けいこ	恵子、啓子
Kimiko	きみこ	君子、公子
Kiyoko	きよこ	清子、喜代子
Kumiko	くみこ	久美子、組子
Kyouko	きょうこ	京子、今日子
Maiko	まいこ	麻衣子、舞子
Manami	まなみ	真奈美、愛美
Marina	まりな	真里菜
Megumi	めぐみ	恵美
Michiko	みちこ	美智子、美知子
Mika	みか	美香
Miyoko	みよこ	美代子、三代子
Momoko	ももこ	桃子

Natsumi	なつみ	奈津美、夏美
Nobuko	のぶこ	信子、伸子
Nobuyo	のぶよ	信代
Nozomi	のぞみ	希
Reiko	れいこ	玲子、礼子
Rie	りえ	理恵、利恵
Rieko	りえこ	理恵子
Rina	りな	里奈
Risa	りさ	理沙
Sachiko	さちこ	幸子
Saori	さおり	沙織、佐緒里
Satoko	さとこ	聡子、智子
Satomi	さとみ	里美
Sayoko	さよこ	佐代子、沙代子
Sayuri	さゆり	小百合
Setsuko	せつこ	節子
Shizuka	しずか	静香
Shizuko	しずこ	静子
Tomoko	ともこ	智子、友子
Youko	ようこ	洋子、陽子
Yui	ゆい	唯、由比
Yuka	ゆか	由香、由佳
Yukari	ゆかり	由香里
Yuki	ゆき	由紀
Yumiko	ゆみこ	由美子
Yuuko	ゆうこ	裕子、優子

Nombres de Niños

❑ Nombres japoneses comunes de niños

Estos son nombres japoneses de niños. El significado para cada nombre depende del kanji que se usa. Los kanji que se pueden usar para cada nombre son incontables.

Nombre	Hiragana	Posible Kanji
Akira	あきら	明、
Daisuke	だいすけ	大輔、大介
Hidehiro	ひでひろ	英博、英裕
Hideki	ひでき	秀樹、英樹
Hideo	ひでお	秀雄
Hideto	ひでと	秀人、英人
Hideyuki	ひでゆき	秀行、英之
Isao	いさお	功、勲
Jouji	じょうじ	譲二、譲治
Ken	けん	健、賢
Kenichi	けんいち	健一、謙一
Kenji	けんじ	健二、憲次
Makoto	まこと	誠
Masaki	まさき	正樹、真崎
Masaru	まさる	勝
Masato	まさと	正人
Minoru	みのる	実、稔
Mitsuo	みつお	光男、光夫
Noboru	のぼる	昇、登
Osamu	おさむ	修
Ryo	りょ	力、緑
Ryouta	りょうた	良太、亮太
Satoshi	さとし	聡、覚
Shingo	しんご	信吾
Shougo	しょうご	省吾
Tadashi	ただし	忠志、正
Tatsuya	たつや	達也、達矢
Tomohide	ともひで	智英、友秀
Tsubasa	つばさ	翼
Tsutomu	つとむ	勉、務
Yoshiharu	よしはる	義春
Yoshihiro	よしひろ	義弘

Hoja de Respuestas

❑ Pre-Lección B: Conversión de números

1. san juu yon
2. go juu kyuu
3. ni juu kyuu
4. nana juu hachi
5. hyaku ni juu
6. san byaku kyuu juu ni
7. go juu nana
8. san zen yon
9. sen ni hyaku san
10. nana hyaku hachi juu kyuu
11. kyuu juu kyuu
12. yon sen roppyaku nana juu go
13. kyuu hyaku san juu ni
14. hassen nana hyaku nana juu san

❑ Pre-Lección B: Números de uso diario

1. (las respuestas varían)
2. (las respuestas varían)
3. (las respuestas varían)

❑ Pre-Lección C: Números Japoneses

1. 75 años de edad
2. 48 años de edad
3. 82 años de edad
4. 107 años de edad
5. 34 años de edad
6. 16 años de edad
7. 51 años de edad
8. 20 años de edad
9. 800 años de edad
10. 1 año de edad

❑ Pre-Lección C: Pregunta y respuesta 1

1. ¿Cuántos años tienes? _____sai desu.
2. ¿Cuál es tu nombre? _____desu / _____to moushimasu.

❑ Pre-Lesson C: Pregunta y respuesta 2

¿De cuantos edad me veo?
1-6. (las respuestas pueden variar)

❑ Pre-Lección D: Traducción de Japonés

1. Mari: Ire y regresare. / Regresare.
   Mama de Mari: Que tengas un buen día./
   Cuidate. / Nos vemos.

2. Kenji: He regresado. / Ya llegue.
   Mama de Kenji: Bienvenido de vuelta a casa.

❑ Lección 1: Práctica de Palabras

1. お ka あ san
2. いえ
3. お to う san
4. あ ka い
5. い mo う to
6. ka う
7. う sagi
8. え npitsu
9. お ne え san
10. お moshiro い
11. い su
12. お kiru

❑ Lección 1: Conectando El Hiragana

❑ Lección 1: Pregunta y respuesta

Pregunta	**Respuesta**
1. ¿Qué es?	Haburashi desu.
2. ¿Es una toalla?	いいえ、 makura desu.
3. ¿Qué es?	い nu desu.
4. ¿Es una nariz?	いいえ、 kuchi desu.
5. ¿Es ella la Sra. Tanaka?	いいえ、 Yamamoto san desu.
6. ¿Qué es?	Beddo desu.

❑ Lección 1: Traducción de Japonés

1. Tanaka san:	¿Qué es? ¿Es un cobertor?
Kobayashi san:	Por favor dilo una vez más.
Tanaka san:	¿Es un cobertor?
Kobayashi san:	No, es una toalla.

❑ Lección 1: Traducción de Español

1. Kouichi:	(あ nata wa) Masumi san desu ka.
Masumi:	いいえ、Yasuko desu. (あ nata wa) Yuusuke san desu ka.
Kouichi:	いいえ、Kouichi desu.

❑ Lección 1: ¿Qué dirías tú?

1. Mo う い chido い tte kudasa い.
2. Hajimemashite. _____to moushimasu. Yoroshiku お nega い shimasu.
3. Nansa い ni miemasu ka.
4. Nakamura san desu ka.
5. Motto yukkuri い tte kudasai.

❑ Lección 2: Práctica de Palabras

1. き い ro
2. きく
3. か minari
4. くうぐ n
5. こけ
6. いく
7. け mushi
8. くうこう
9. ぎ n い ro
10. き n'ni く
11. ごご
12. こお ri

❑ Lección 2: Conectando El Hiragana

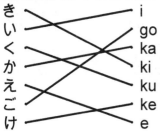

❑ Lección 2: Pregunta y respuesta 1

1. ¿Qué es esto?
2. ¿Qué es esto?
3. ¿Es esto un espejo?
4. ¿Son estas verduras?

(こ re wa) く ruma desu.
(こ re wa) konpyu–ta– desu.
いいえ、(こ re wa) mado desu.
いいえ、(こ re wa) furu–tsu desu.

❑ Lección 2: Pregunta y respuesta 2

1. ¿Cuál es un libro?
2. ¿Cuál es una verdura?
3. ¿Cuál es la fruta?

(1ra imagen) Kore desu.
(imagen en medio: cebolla) Kore desu.
(2da imagen: cerezas) Kocchi desu.

❑ Lección 2: Pregunta y respuesta 3

1. P: ¿Qué es eso allá?
   (あ re wa) nan desu か。

   R: Aquello es un perro.
   あ re wa い nu desu.

2. P: ¿Qué es esto?
   こ re wa nan desu か。

   R: Eso es un cepillo de dientes
   (Sore wa) haburashi desu.

3. P: ¿Es eso una almohada?
   Sore wa makura desu か。

   R: No, esto es una toalla.
   いいえ, こ re wa taoru desu.

4. P: ¿Qué es eso?
   Sore wa nan desu か。

   R: Esto es un libro.
   (こ re wa) hon desu.

❑ Lección 2: Traducción de Japonés

1. Satoko san: ¿Es eso un libro?
   Shouta san: No, es una revista.
   Satoko san: Por favor dilo una vez más. ¿Qué es?
   Shouta san: Esto es una revista.

❑ Lección 2: Traducción de Español

1. Persona japonesa: (あ nata wa) nihon ご が hanasemasu か.
   Persona americana: Su こ shi.
   Persona japonesa: あ re wa nan desu か.
   Persona americana: Sore wa く ruma desu.
   Persona japonesa: あ ri が to う.

❑ Lección 3: Práctica de Palabras

1. mura さき
2. さす
3. し ro
4. そ tsugyo う
5. すし
6. じか n
7. さ ru
8. おじいさ n
9. あせ
10. あ n ぜ n
11. ぞう
12. げ n ざい

❑ Lección 3: Conectando El Hiragana

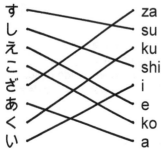

す	za
し	su
え	ku
こ	shi
ざ	i
あ	e
く	ko
い	a

❑ Lección 3: Pregunta y respuesta 1

Pregunta

1. ¿Quién es esta persona?
2. ¿Ella es Jenny?
3. ¿De quién son estos pájaros?
4. ¿De quién es la mama?

Respuesta

Yo し da さ n de す.
いいえ、Monika さ n de す.
Ta かこ san no tori de す.
Makoto (くん) no おかあさ n de す.

❑ Lección 3: Pregunta y respuesta 2 (respuestas de prueba)

Pregunta

1. ¿Cuál es tu nombre?
2. ¿Cuál es el nombre de tu abuela?
3. ¿Cuál es el auto de tu mamá?
4. ¿Cuántos años tiene tu abuelo?
5. ¿Cuántos años tiene tu papá?

Respuesta

Yamada Yo しこ de す.
Yamada Ma さ mi de す.
Toyota de す.
Nanaju う ごさい de す.
ご ju う ni さい de す.

❑ Lección 3: Traducción de Japonés

1. Kobayashi san: ¿De quién es este libro?
   Nakaya san: No sé, quizás es el libro del Sr. Tanaka.

❑ Lección 3: Traducción de Español

1. Terada san: Tana かさ n de す か。
   Yamada san: いいえ、Yamada de す. Tana か さ n wa dare de す か。
   Terada san: (Tana か さ n wa) こ baya しさ n no tomodachi de す.

❑ Lección 3: Traducción de comprensión de lectura

① Mi nombre es Honda.
② Tengo 35 años de edad.
③ El nombre de mi novia es Terada.
④ Ella tiene 29 años de edad.

❏ Lección 3: Preguntas de comprensión de lectura

Pregunta	Respuesta

Pregunta

1. ¿El nombre de la novia de Honda es Tanaka?
2. ¿Quién es Terada?
3 ¿Es Terada la novia de Yamada?

4. ¿Cuántos años tiene la Srta. Terada?

Respuesta

いいえ、Terada で す.*
Honda さ n no か nojo で す.
いいえ、Honda san no か nojo で す.
OR いいえ、chi がい ma す.
Niju う kyu う さい で す.

* (Nota: **いいえ、Honda san no か nojo no name え wa** en frente de la respuesta arriba sería muy largo y no sonaría natural. Trata de mantener tus respuestas simples.)

❏ Lección 3: ¿Qué dirías tú?

1. さ yo う nara. (después aprenderás itte き ma す)
2. お hayo う ごい ma す.
3. Wa か rima せ n.
4. あ ri が to う ごい ma す.

❏ Lección 3: Traducción de Diálogo Corto

Yoshida san:	Buenas tardes, Sra. Ueki.
Ueki san:	Buenas tardes, Sr. Yoshida. Mucho tiempo sin verlo. ¿Cómo esta su padre?
Yoshida san:	Si, el está bien. ¿Qué es eso?
Ueki san:	Esto es una cámara. Es mi pasatiempo.
Yoshida san:	¡Qué bien!
Ueki san:	¿Cuál es su (de Yoshida san) pasatiempo?
Yoshida san:	Mi pasatiempo es el golf.

❏ Lección 4: Práctica de Palabras

1. wa たし
2. ただ
3. たつ
4. とつぜ n
5. ちぢ mu
6. てつだう
7. いたい
8. おとうさ n
9. hana ぢ
10. いきど mari
11. で nwa
12. とどく

❏ Lección 4: Conectando El Hiragana

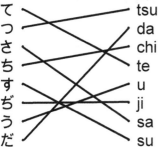

て — tsu
っ — da
つ — chi
さ — te
ち — u
す — ji
ぢ — sa
う — su
だ

❑ Lección 4: Pregunta y respuesta 1

Pregunta	Respuesta
1. ¿Qué es esto en japonés?	うさぎです。
2. ¿Qué es esto en japonés?	うしです。
3. ¿Qué es esto en Inglés?	「Panda」です。
4. ¿Qué es esto en Inglés?	「Lion」です。

❑ Lección 4: Pregunta y respuesta 2

1. ¿De qué color es tu auto? _____です。
2. ¿De qué color es tu cepillo de dientes? [cualquier color] です。
3. ¿De qué color son los panda? しroとくroです。
4. ¿De qué color son los plátanos? きいro（い）です。
5. ¿Son gris los elefantes? Haい、そうです。/ Haい、gure–です。

❑ Lección 4: ¿Qué dirías tú?

1. ご menna さい. / す mima せ n.
2. _____さ n no い nu wa nani い ro ですか.
3. いいえ、 ちがい ma す. (Ha い, そうです. si tú ERES Tanaka san)
4. _____wa, nihon ご で nan ですか.

❑ Lección 4: Traducción de Japonés

1. Takada san: ¿De qué color es (tu) auto?
   Kadota san: ¿Tu auto?
   Takada san: Si.
   Kadota san: Es morado. ¿Y tu auto?
   Takada san: Mi auto es plateado y dorado.

❑ Lección 4: Traducción de comprensión de lectura

① Junko tiene 25 años de edad.
② Su papa tiene 52 años de edad.
③ El nombre de su papa es Yoshihiro.
④ Los autos de Junko y su papa son Honda.
⑤ El auto de papá es morado.
⑥ El auto de junko es rosa y azul.

❑ Lección 4: Preguntas de comprensión de lectura

Pregunta	Respuesta
1. ¿De qué color es el auto de Junko?	Pinku to あお de す。
2. ¿De quién es el auto Honda?	Jun こさ n to Jun こさ n no お to うさ n no く ruma de す。
4. ¿Quién tiene un auto morado?	お to うさ n no く ruma de す。
5. ¿Cuántos años tiene Junko?	Ni ju うごさい de す。
6. ¿Quién tiene 52 años de edad?	Jun こさ n no お to うさ n de す。

❑ Lección 4: Traducción de Diálogo Corto

Sr. Kobayashi: ¿De qué (tipo) es su auto, Sr. Tanaka?
Sr. Tanaka: Mi auto es Nissan.
                   ¿Y el suyo?
Sr. Kobayashi: Mi auto es un Mitsubishi. Es de color rojo.
Sr. Tanaka: Ya veo. Mi auto es blanco.

❑ Lección 5: Práctica de Palabras

1. なつ
2. に hon
3. ねこ
4. yo なか
5. の mu
6. ね ru
7. なに
8. ぬいぐ rumi
9. にがい
10. おねえさ n
11. ぬぐ
12. の ru

❑ Lección 5: Conectando El Hiragana

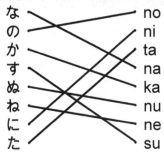

な — no
の — ni
か — ta
す — na
ぬ — ka
ね — nu
に — ne
た — su

❑ Lección 5: Pregunta y respuesta 1

Pregunta

1a. ¿Es esto pescado?
1b. Entonces, ¿qué es?

2a. ¿Es esto un libro?
2b. Entonces, ¿qué es?

3a. ¿Es esto un tazón y una cuchara?
3b. Entonces, ¿qué son?

4a. ¿Son estos zapatos?
4b. Entonces, ¿qué son?

Respuesta

いいえ、さかな ja ないです。
Chikin です。

いいえ、hon ja ないです。
し nbun です。

いいえ、(お) chawan と supu–n ja ないです。
(お) chawan と (お) ha し です。

いいえ、くつ ja ないです。
ず bon です。

❑ Lección 5: Pregunta y respuesta 2

1. ¿Cuál te gusta/desagrada?
2. ¿Cuál te gusta/desagrada?

こ re がすき / き ra いです。
こ re がすき / き ra いです。

❑ Lección 5: Pregunta y respuesta 3 (respuestas de muestra)

Pregunta

1. ¿Te gusta viajar?
2. ¿Te desagradan los gatos?
3. ¿Te gustan las verduras?
4. ¿Te gusta el japonés?
5. ¿Sabe bueno el sushi?

Respuesta

Ha い、すきです / いいえ、き ra いです。
Ha い、き ra いです / いいえ、すきです。
Ha い、すきです / いいえ、すき ja ないです。
Ha い、だいすきです / いいえ、だいき ra いです。
Ha い、おいしいです / いいえ、おいしくないです。

❏ Lección 5: Traducción de Japonés

1. Le gustan mucho los autos a Yoshio san.
2. Los autos de Yoshio san son rojo y blanco.
   (este enunciado puede significar, "el auto de Yoshio es rojo y blanco," pero del contexto de los otros enunciados podemos ver que tiene dos autos.)

3. Su auto blanco es un Honda.
4. El rojo es un Toyota.
5. Le gustan mucho los autos al papá de Yoshio.
   (Esto sería mejor como "<u>También</u> le gustan mucho los autos al papá de Yoshio," pero aun no hemos aprendido la partícula de "también".)

6. Los autos de su papá son un auto dorado y un auto amarillo.
7. No le gusta el auto amarillo a su mamá.

❏ Lección 5: Traducción de comprensión de lectura

① El nombre del novio de Satoko es Yoshio Tanaka.
② Satoko tiene 25 años de edad.
③ Yoshio tiene 27 años de edad.
④ Le gusta mucho ir de compras a Satoko.
⑤ No le gusta ir de compras Yoshio.
⑥ Le gusta trabajar a Yoshio.
⑦ Le desagrada el trabajo a Satoko.
⑧ Satoko y Yoshio viajan mucho (les gusta viajar mucho).

❏ Lección 5: Preguntas de comprensión de lectura

Pregunta	Respuesta
1. ¿Quién es el novio de Satoko?	たなか yo しおさんです。
2. ¿Le gusta su trabajo a Yoshio?	いいえ、しごとがすきです。
3. ¿Cuántos años tiene Satoko?	に ju うごさいです。
4. ¿A quién le gusta ir de compras?	さとこさんが（かい mo のが）すきです。
5. ¿A quién le gusta viajar?	さとこさんと yo しおさんが（ryo こうが）すきです。

❏ Lección 5: Traducción De Diálogo Corto

Sra. Mori: ¿Le gustan las películas, Sra. Nishida?

Sra. Nishida: Si, me gustan mucho.

Sra. Mori: A mi también. Y de actores, ¿quién le gusta?

Sra. Nishida: Me gusta Harrison Ford.

Sra. Mori: ¿En verdad? A mí me gusta Brad Pitt.

Sra. Nishida: A mí también me gusta Brad Pitt.

❏ Lección 6: Práctica de Palabras

1. は ru
2. ひ ru ごは n
3. ふ yu
4. へい wa
5. えほ n
6. が n ば ru
7. はなび
8. か mi ぶく ro
9. ひと me ぼ re
10. く ra べ ru
11. ひばな
12. え n ぴつ

❑ Lección 6: Conectando El Hiragana

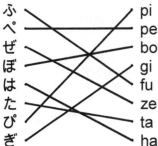

❑ Pregunta y respuesta 1 (respuestas de muestra)

1. ¿Cuál sí/no quieres?　　　Ju–su が ほしいです / みずが ほしくないです。
2. ¿Cuál sí/no quieres?　　　う ma が ほしいです / いぬが ほしくないです。

❑ Lección 6: Pregunta y respuesta 2 (respuestas de muestra)

1. ¿Qué color de auto te gusta?
   し ro いく ruma が すきです。

2. ¿Quieres una revista Japonesa?
   はい、ほしいです / いいえ、ほしくないです。

3. ¿Quieres una coca fría?
   はい、つ me たい ko–ra が ほしいです。
   いいえ、ko–ra が き ra いです。

4. ¿Es nueva tu TV?
   はい、あた ra しいです。いいえ、あた ra しくないです。

❑ Lección 6: Pregunta y respuesta 3 (las respuestas pueden variar)

1. Ichiro:　　　　なにが ほしいですか。
   Yumiko:　　　　Konpyu–ta–が ほしいです。

2. Enfermera:　　Ma く ra が ほしいですか。
   Paciente:　　　いいえ、ほしくないです。

❑ Lección 6: Traducción de Español

George:　　　　なまえは な n ですか。
Yu か ri:　　　　Yu か ri です。あなたの なまえは な n ですか。
George:　　　　Jo–ji です。さ nju う yon さいです。な n さいですか。
Yu か ri:　　　　に ju う ro くさいです。

❑ Lección 6: Traducción de comprensión de lectura

① Mi nombre es Matsumoto.
② Me gusta el internet.
③ Quiero una computadora.
④ My amigo Tashiro no quiere una computadora.
⑤ Tashiro quiere un auto rojo.

⑥ No me gustan los autos rojos.
⑦ Me gustan los autos blancos.

❑ Lección 6: Preguntas de comprensión de lectura

1. ¿Qué le gusta a Matsumoto?   Inta–netto が すきです。
2. ¿Cuál es el nombre del amigo de Matsumoto?   たし ro (く n) です。
3. ¿Qué quiere Tashiro?   あかいく ruma が ほしいです。
4. ¿Le gustan los autos rojos a Matsumoto?   いいえ、すきじゃないです。
5. ¿Qué color de auto le gusta a Matsumoto?   し ro いく ruma が すきです。

❑ Lección 6: Traducción De Diálogo Corto

Sr. Yoshida: Por favor pase, Karen.
Karen: Gracias (Voy a entrar).
Sr. Yoshida: ¿Qué le gustaría beber?
Karen: Veamos,… quiero una coca cola.
Sr. Yoshida: De acuerdo. Espere un momento. Aquí tiene.
Karen: Gracias.

❑ Lección 7: Práctica de Palabras

1. も ri   2. もみじ
3. む ri   4. めだつ
5. みる   6. めがね
7. たべもの   8. まも ru
9. のみもの   10. むしあつい
11. まほう   12. みみず

❑ Lección 7: Conectando El Hiragana

に — mu
む — mi
も — nu
ぬ — ni
み — o
ま — mo
お — me
め — ma

❑ Lección 7: Ejercicios de Gramática

1. みか n が すきです。でも、rin ごは すき ja ないです。
2. いぬが ほしいです。でも、ねこは ほしくないです。
3. いちごが おいしいです。でも、remon は おいしくないです。

❑ Lección 7: ¿Qué dirías tú? (respuestas de muestra)

1. ¿Dónde hay un buen (delicioso) restaurante? _____ です。
2. ¿Dónde está tu casa?   とう kyo う です。
3. ¿Quieres un auto japonés?   はい、ほしいです。/ いいえ、ほしくないです。
4. ¿Te gustan las manzanas verdes?   はい、すきです。/ いいえ、すき ja ないです。
5. ¿Es nueva tu TV?   はい、あた ra しいです。/ いいえ、ふ ru いです。

6. ¿De qué color es tu bicicleta?

7. ¿Quieres agua fría?

あか（い）です。

はい、ほしいです。
いいえ、ju–su が ほしいです。

❑ Lección 7: Diálogo Corto 1

Sr. Tanaka:	¿Esta tu casa allá, Miguel?
Miguel:	No, está ahí.
Sr. Tanaka:	¿Cómo? ¿Dónde está? No sé (¿cual es?) ¿Es la casa verde?
Miguel:	No, la casa verde es la casa de mi amigo. La casa amarilla es

mía.

Sr. Tanaka: Oh, ya veo.

❑ Lección 7: Diálogo Corto 2

Sr. Tanaka:	¿Te gusta el sushi, Miguel?
Miguel:	Si, me encanta.
Sr. Tanaka:	¿Qué te gusta?
Miguel:	Me gusta el atún y el camarón.
Sr. Tanaka:	Ya veo. Me gusta el rodaballo y el calamar.
	¿Te gusta el té japonés?
Miguel:	No. El té japonés no está delicioso, pero me gusta la coca.

❑ Lección 8: Práctica de Palabras

1. わ ra う
2. だいこん
3. みずを のむ
4. わ ru い
5. わたし
6. ほんを かう
7. こんや
8. わす reru
9. えいがを み ru
10. きんぞく
11. かんたん
12. すしを たべ ru

❑ Lección 8: Conectando El Hiragana

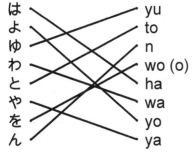

は	yu
よ	to
ゆ	n
わ	wo (o)
と	ha
や	wa
を	yo
ん	ya

❑ Lección 8: Preguntas (respuestas de muestra)

1. ¿Cuándo es el cumpleaños de tu papá?
2. ¿En qué día y mes es la navidad?
3. ¿Qué mes te gusta?
4. ¿Qué mes y que día es hoy?
5. ¿Qué mes y que día fue ayer?
6. ¿Es el día del niño el 4 de Julio?

Ju うがつ に ju ういちにちです。
Ju うにがつ に ju うごにちです。
ごがつが すきです。
Kyo うは、さ n がつとおかです。
きのうは、さ n がつ ここのかでした。
いいえ、ちがいます。
いいえ、ごがつ いつかです。

❑ Lección 8: Fechas (respuestas de muestra)

1. Cumpleaños de tu mamá   しちがつ みっか
2. Día de la constitución   ごがつ みっか
3. 15 de Marzo   さんがつ ju うごにち
4. Día de la cultura   ju ういちがつ みっか
5. Día del niño   ごがつ いつか
6. 20 de Abril   しがつ はつか

❑ Lección 8: Traducción de Japonés

Imai san: ¿Cuándo es tu cumpleaños?
Yamada san: Es el 23 de marzo. ¿Y el tuyo?
Imai san: Mi cumpleaños es mañana.
Yamada san: ¡Felicidades! ¿Cuántos años tienes? (¿Cuántos cumples?)
Imai san: 38 años de edad.

❑ Lección 8: Traducción de comprensión de lectura

① Mi nombre es Emilia.
② Ayer fue mi cumpleaños.
③ Tengo 27 años de edad.
④ Mi cumpleaños es (en) Navidad.
⑤ El regalo de mi amigo fue (un par) de palillos chinos.
⑥ El regalo de mi padre fue un libro del idioma Japonés.
⑦ Me gusta mucho Japón.

❑ Lección 8: Preguntas de comprensión de lectura

1. ¿Cuándo fue el cumpleaños de Yukiko?   きのうでした。/ 12 がつ 25 にちでした。
2. ¿Cuántos años tiene Yukiko?   に ju うななさいです。
3. ¿De qué color eran los palillos del regalo de su amigo? あかい（お）はしでした。
4. ¿Cuál fue el regalo de su papa?   にほんごの ほんでした。
5. ¿Le desagrada Japón a Yukiko?   いいえ、にほんが だいすきです。

❑ Lección 8: Traducción De Diálogo Corto

Sr. Honda: ¿Qué día del mes es hoy?
Sr. Hino: Es el 9.
Sr. Honda: ¿Qué? ¿No es el 7?
Sr. Hino: No, mañana es el diez.
Sr. Honda: ¿Qué voy a hacer? ¡Ayer fue el cumpleaños de mi novia!
Sr. Hino: ¡¿En serio?!

❑ Lección 9: Práctica de Palabras

1. あたらしい   2. しる
3. れんあい   4. りんご
5. みせる   6. れん shu う
7. べんり   8. うるおい
9. かくれんぼ   10. どうろ
11. ろうか   12. まわりみち

❑ Lección 9: Conectando El Hiragana

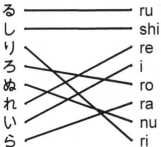

```
る ───────── ru
し ───────── shi
り            re
ろ            i
ぬ            ro
れ            ra
い            nu
ら ───────── ri
```

❑ Lección 9: Fechas de Eventos

1. Kurisumasu
2. こどものひ
3. がんたん
4. （わたしの）たんjoうび

ju にがつ に ju うごにち
ごがつ いつか
いちがつ ついたち
＿＿がつ＿＿にち

❑ Lección 9: Preguntas (las respuestas varían a lo que se contesta)

1. ¿Qué día de la semana es pasado mañana?
2. ¿Qué día y mes fue antier?
3. ¿Qué día de la semana es el día de gracias?
4. ¿Qué año fue el año pasado?
5. ¿Qué día de la semana fue el primero del mes pasado?
6. ¿Qué día es el siguiente Jueves?
7. ¿Qué día fue el Sábado pasado?
8. ¿Qué año es el siguiente año?

~ようびです。
~にちでした。
もくようびです。
にせん~ねんでした。
~ようびでした。
~にちです。
~にちでした。
にせん~ねんです。

❑ Lección 9: Traducción de Japonés

① Hoy es el 30 de Diciembre 30.
② Pasado mañana es el día de año nuevo.
③ El día de año nuevo de este año es en Jueves.
④ El año nuevo del año pasado fue en Miércoles.

❑ Lección 9: Traducción De Diálogo Corto

Yoko: Este Viernes es mi cumpleaños.
Takahiro: ¿En serio? ¡Feliz cumpleaños!
Yoko: Gracias.
Takahiro: ¿En qué año naciste?
Yoko: Yo nací en 1973.
Takahiro: ¡Yo, también! Mi cumpleaños es el 3 de Junio de 1973.
Yoko: ¿En verdad?
Takahiro: ¿Cuándo es tu fiesta de cumpleaños?
Yoko: Es este Sábado.

❏ Lección 10: Práctica de Palabras

1. とうちゃく
2. さんびゃく
3. としょかん
4. ぎゅうにゅう
5. さんみゃく
6. しょうばい
7. じゅうたん
8. でんぴょう
9. きょうだい
10. きょうりゅう
11. りゅうがく
12. ぎゅうどん

❏ Lección 10: Conectando El Hiragana

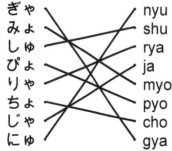

ぎゃ — nyu
みょ — shu
しゅ — rya
ぴょ — ja
りゃ — myo
ちょ — pyo
じゃ — cho
にゅ — gya

❏ Lección 10: Ejercicios de Gramática 1

1. Ke–ki を おねがいします / Ke–ki を ください。
2. Piza を おねがいします / Piza を ください。
3. Sandoicchi と ju–su を おねがいします / Sandoicchi と ju–su を ください。
4. Hanba–ga– と Poteto を おねがいします / Hanba–ga– と Poteto を ください。

❏ Lección 10: Ejercicios de Gramática 2 (respuestas de muestra)

1. はい、あたらしい terebi が ほしいです。あたらしい konpyu–ta–も ほしいです。
   いいえ、あたらしい terebi が ほしくないです。でも、あたらしい konpyu–ta–が ほしいです。

2. はい、はるが だいすきです。でも、なつは すきじゃないです。
   いいえ、はるが すきじゃないです。なつが すきです。

3. いいえ、ko–ra は おいしくないです。ju–su が おいしいです。
   はい、ko–ra は おいしいです。ju–su も おいしいです。

4. いいえ、わたしの くるまは おおきくないです。でも、おかあさんの くるまは おおきいです。
   はい、わたしの くるまは おおきいです。おかあさんの くるまも おおきいです。

❏ Lección 10: Traducción de Japonés

Mesera:	¡Bienvenido!
Cliente:	Un menú por favor.

5 minutos después…

Cliente:	Disculpe.
Mesera:	Si.
Cliente:	Espagueti, por favor.
Mesera:	¿Qué le gustaría de tomar?
Cliente:	Agua por favor.
Mesera:	De acuerdo, espere un momento por favor.

10 minutos después…

Mesera:	Aquí tiene.
Cliente:	Gracias. Por favor deme un té y una coca.
Mesera:	De acuerdo, espere un momento por favor.

40 minutos después…

Cliente:	¿Cuánto es?
Mesera:	2,521 yen.
Cliente:	De acuerdo.
Mesera:	Son 479 yen de cambio. Muchas gracias.

❑ Lección 10: Traducción De Diálogo Corto

Mesera:	Bienvenidos. Aquí tienen nuestro menú.
Sayuri:	El tempura sabe muy bueno aquí.
Chieko:	¿En serio? Entonces, yo voy a querer un tempura.
Sayuri:	Yo también quiero (me gustaría) un tempura. Pero el día de hoy voy a querer tonkatsu.
Chieko:	De acuerdo, un tempura y tonkatsu por favor.
Mesera:	Por supuesto. ¿Qué les gustaría de tomar?
Sayuri:	Yo quiero un té helado por favor.
Chieko:	Un té (verde) para mi, por favor.
Mesera:	Por supuesto.

❑ Lección 11: Preguntas Japonesas (respuestas de muestra)

1. ¿Cuántas patas tiene un caballo?   よんほんです。
2. ¿Cuántas estrellas hay en la bandera Americana?   ごじゅっこです。
3. ¿Cuántos lápices quieres?   ごほん、ほしいです。
4. ¿Cuántas pizzas quieres?   いちまい、ほしいです。

❑ Lección 11: Preguntas en español

1. しろい ほしは いくつですか。   よっつです。／よんこです。
2. えんぴつは なんぼんですか。   はっぽんです。
3. ゆびは なんぼんですか。   じゅっぽんです。／じっぽんです。
4. はたは なんぼんですか。   ろっぽんです。

(las banderas en un poste usan el contador de なんぼん.
Si no están en un poste, usa el contador de なんまい)

6. とけいは いくつですか。   よっつです。

❑ Lección 11: Ejercicios de Gramática

1. Chiketto を にまい おねがいします ／ Chiketto を にまい ください。
2. たまごを じゅうにこ おねがいします ／ たまごを じゅうにこ ください。
3. Chi–zuba–ga–を ふたつ おねがいします ／ Chi–zuba–ga–を ふたつ ください。
4. えんぴつを さんぼん おねがいします ／ えんぴつを さんぼん ください。
5. にんじんを よんほん おねがいします ／ にんじんを よんほん ください。

❑ Lección 11: Diálogo Corto

Chef de Sushi:	Bienvenidos.
Juan:	Disculpe, por favor deme huevos de salmón y atún de aleta amarilla.
Chef de Sushi:	¡De acuerdo! ¿Y qué tal usted (al otro cliente)?
Masami:	Yo quiero sopa miso y té verde, por favor.
	¿Cuál es la recomendación del día de hoy?

Chef de Sushi:	Veamos… El camarón dulce esta bueno el día de hoy.
Masami:	Entonces deme uno de esos, por favor.
Juan:	Aparte, ¿deme unos granos de soja verde por favor?
Masami:	Yo también quiero granos de soya verde. Denos dos platos, por favor.
Chef de Sushi:	¡De acuerdo! (Entendido)

❏ Lección 12: Ejercicios de Gramática

Forma Diccionario	Estilo Formal			
	Presente/Futuro		Pasado	
	positivo	negativo	positivo	negativo
いく	**いきます**	いきません	いきました	いきませんでした
くる	きます	**きません**	きました	きませんでした
かえる	かえります	かえりません	**かえりました**	かえりませんでした
わかる	わかります	わかりません	わかりました	**わかりませんでした**

❏ Lección 12: Ejercicios de Substitución

1. **きょう、ぎんこうに いきません。**
   きょう、がっこうに いきません。
   きょう、makudonarudo に いきません。
   きょう、ともだちのいえに いきません。

2. **たなかさんは、おととい とうきょうに かえりました。**
   たなかさんは、きのう とうきょうに かえりました。
   たなかさんは、せんしゅうのきんようび とうきょうに かえりました。
   たなかさんは、せんげつのいつか とうきょうに かえりました。

3. **やまもとさんは、にほんに かえりませんでした。**
   やまもとさんは、amerika に かえりませんでした。
   やまもとさんは、rosanzerusu に かえりませんでした。
   やまもとさんは、shikago に かえりませんでした。

4. **やまださんは、さんがつに ここに きます。**
   やまださんは、らいげつのふつかに ここに きます。
   やまださんは、らいしゅうのどようびに ここに きます。
   やまださんは、らいねんのごがつに ここに きます。

5. **おかあさんの いえに いきます。**
   おかあさんの いえに いきません。
   おかあさんの いえに いきました。
   おかあさんの いえに いきませんでした。

6. **たむらさんの おとうさんは、にほんごが わかります。**
   たむらさんの おとうさんは、えいごが わかります。
   たむらさんの おとうさんは、konpyu-ta–が わかります。
   たむらさんの おとうさんは、ひらがなとかたかなが わかります。

❑ Lección 12: Traducción de comprensión de lectura

① Esta es la ciudad de Chicago de América.
② Mari fue a Japón en el 3 de Octubre.
③ Ayer regresé a Chicago.
④ Mari y su amiga Yoshiko van a ir a una fiesta mañana.
⑤ La ropa de Mari (para la fiesta) es blanca.
⑥ La de Yoshiko es anaranjada.
⑦ Mañana es Halloween.
⑧ Le gustan mucho las fiestas a Mari.
⑨ En Septiembre ella fue a la fiesta de cumpleaños del padre de Yoshiko.
⑩ El 10 de Julio del siguiente año ella va a ir a Corea.

❑ Lección 12: Preguntas de comprensión de lectura

1. ¿A dónde regreso Mari ayer?
   Shikago に かえりました。

2. ¿Cuál es el nombre de la amiga de Mari?
   よしこさん です。

3. ¿Cuál es el mes y día de hoy?
   じゅうがつ さんじゅうにちです。
   (porque mañana es Halloween en el enunciado 7)

4. ¿A dónde fue Mari en Septiembre?
   よしこさんの おとうさんの たんじょうびに いきました。

5. ¿A dónde va a ir Mari el siguiente año?
   かんこくに いきます。

6. ¿Dónde es aquí?
   Shikago しです。O también, Amerika の Shikago しです。

7. ¿A dónde fue Mari en Agosto?
   ¿Te confundiste aquí? No te apures, aquí en realidad no sabemos a donde fue Mari en Agosto.
   Así que la respuesta es: わかりません。

❑ Lección 12: Traducción De Diálogo Corto

Sra. Smith:	Buenas tardes, Sr. Tanaka.
Sr. Tanaka:	Buenas tardes, Sra. Smith. ¿Hace mucho calor aquí no?
Sra. Smith:	Si, hace calor.
Sr. Tanaka:	¿A dónde vas?
Sra. Smith:	Voy a ir a la escuela (desde este momento).
Sr. Tanaka:	¿Qué escuela es?
Sra. Smith:	Es la escuela de idioma de Japonés.
Sr. Tanaka:	Ya veo. Voy a ir a trabajar ahora.

❑ Lección 12: Traducción de Español

Ryouhei:	ちゅうごくに いきます。
Nobuko:	わたしは きょねん いきました。いつ いきますか。
Ryouhei:	らいげつの はつかです。
Nobuko:	いつ かえりますか。

Ryouhei: たぶん さんじゅうにちです / たぶん さんじゅうにちに かえります。
Nobuko: いいですね。

❑ Lección 13: Ejercicios de Gramática
1. ろくじ ごふん
2. くじ にじゅっぷん
3. さんじ よんじゅっぷん
4. はちじはん
5. じゅうじ よんじゅうごふん
6. じゅうにじ ごじゅうさんぷん
7. よじはん
8. にじ じゅうななふん
9. しちじ ななふん

❑ Lección 13: Pregunta y respuesta (las respuestas pueden variar)
1. ¿Desde qué hora empieza tu trabajo/escuela? しごとは、くじからです。
2. ¿A qué hora vas al trabajo/escuela? はちじに がっこうに いきます。
3. ¿Qué días de la semana vas al trabajo/escuela? げつようびから きんようびまで
   がっこうに いきます。
4. ¿A qué hora te regresas a casa? ろくじに いえに かえります。
5. ¿Qué hora es en este momento? いま、よじはんです。

6. ¿Desde qué hora hasta qué hora es tu clase de Japonés? ごじから ろくじはんまでです。
7. ¿Quién es tu maestro de Japonés? やまだせんせいです。
8. ¿Desde qué mes a qué mes es el invierno? じゅうにがつから にがつまでです。
9. ¿Desde qué mes a qué mes es el verano? ろくがつから くがつまでです。

❑ Lección 13: Traducción de comprensión de lectura
① Esta es una escuela de idioma de japonés.
② Sam vino aquí a las 10:00AM
③ Juan vino a las 10:15.
④ La clase del día de hoy es de las 10:30 a la 1:00PM.
⑤ Sam va a regresar a casa a las 2:00.
⑥ Ella va a ir a trabajar a las 4:00PM.

⑦ El trabajo de Sam es de las 4:30 a la 1:30AM.
⑧ El trabajo de Sam es un trabajo de hotel.
⑨ Juan va a ir a la escuela de español a las 2:30.
⑩ La escuela de español es hasta las tres.
⑪ El va a regresar a casa a las seis.
⑫ El tiene un trabajo de tiempo medio desde las 8:00PM.
⑬ Va a ir a las 7:55.
⑭ Su trabajo de tiempo medio es hasta las doce.
⑮ El trabajo de tiempo medio de Juan es en McDonald's.

❑ Lección 13: Preguntas de comprensión de lectura
1. ¿Dónde es aquí?
   にほんごの がっこうです。

2. ¿Quién vino a la escuela a las diez?
   Samu でした。

3. ¿Cuándo es la clase del día de hoy?
じゅうじから ごごいちじまで です。

4. ¿Desde qué hora a qué hora es el trabajo de Sam?
よじはんから ごぜんいちじまで です。

5. ¿A qué hora regreso Sam a casa?
にじに かえりました。

6. ¿Desde qué hora a qué hora es el trabajo de tiempo medio de Juan?
ごごはちじから じゅうにじまでです。

7. ¿A qué hora vino Juan a la escuela de Japonés?
じゅうじ じゅうごふんに きました。

8. ¿A dónde fue Juan a las 2:30?
Supein ごの がっこうに いきました。

❏ Lección 13: Traducción de Japonés
1. A: ¿Desde cuándo trabajas? / ¿Cuándo empieza tu trabajo?
B: Empieza desde el 8 de Febrero.
A: ¿Desde qué hora hasta qué hora es el trabajo?
B: Es desde las 8:00 A.M. hasta las 4:00 P.M.

2. A: ¿Qué hora es en este momento?
B: Las 4:20.
A: Me voy a ir a casa a las 4:30.
B: ¿En dónde está tu casa?
A: Esta por allá.

3. A: Voy a regresar a Japón desde mañana. *(este enunciado es correcto en el Japonés.)*
B: ¿Hasta cuándo?
A: Hasta Agosto 15.
B: ¿En verdad? Qué bien.

❏ Lección 13: Traducción de Español
1. A: いつ ここに きましたか。
B: くじに きました。
A: ともだちは どこですか。
B: ともだちは きませんでした。
A: いま ともだちは どこですか。
B: いえに います。

2. A: なんじの ひこうきですか。／ひこうきは なんじですか。
B: ごぜん じゅうじはんです。
A: なんじに くうこうに いきますか。
B: くじに いきます。
A: わかりました。

3. A: Arubaito は なんじから ですか。
B: いちじから です。
A: Arubaito が すきですか。
B: いいえ、すきじゃない です。

❏ Lección 13: Partículas

1. わたしの しごとは はちじから ごじまでです。
2. せんげつの じゅうごにちは もくようびでした。
3. なんじに いえに かえりますか。
4. やまださんの くるまは しろと gure–です。
5. いぬが すきです。でも、ねこは きらいです。
6. あたらしいじてんしゃが ほしいです。
7. どれが たなかさんの ほんですか。
8. かようびに とうきょうに いきます。
9. Hanba–ga–と potato を おねがいします。 Ko–ra も おねがいします

❏ Lección 13: Traducción De Diálogo Corto

Sr. Watanabe:	¿Va a trabajar mañana también desde las 8:00, Sr. Hashimoto?
Sr. Hashimoto:	No, mañana descanso.
Sr. Watanabe:	Que bien. ¿A dónde va a ir mañana?
Sr. Hashimoto:	Voy a ir a Osaka.
Sr. Watanabe	¿(En) Avión?
Sr. Hashimoto:	Si, (en) el avión de las nueve. Voy a ir al aeropuerto a las ocho.
Sr. Watanabe	¿En verdad? ¿Cuándo va a regresar?
Sr. Hashimoto:	Voy a regresar a Tokio el siguiente Martes.

Glosario de Español

# #

0	rei, maru, zero	れい、まる、ゼロ
1	ichi	いち
2	ni	に
3	san	さん
4	shi, yon	し、よん
5	go	ご
6	roku	ろく
7	shichi, nana	しち、なな
8	hachi	はち
9	ku, kyuu	く、きゅう
10	juu	じゅう
1 minuto	ippun	いっぷん
10 minutos	juppun	じゅっぷん
11 minutos	juuippun	じゅういっぷん
12 minutos	juunifun	じゅうにふん
13 minutos	juusanpun	じゅうさんぷん
14 minutos	juuyonpun	じゅうよんぷん
15 minutos	juugofun	じゅうごふん
16 minutos	juuroppun	じゅうろっぷん
17 minutos	juunanafun	じゅうななふん
18 minutos	juuhachifun	じゅうはちふん
18 minutos	juuhachifun	じゅうはちふん
19 minutos	juukyuufun	じゅうきゅうふん
2 minutos	nifun	にふん
20 minutos	nijuppun	にじゅっぷん
25 minutos	nijuugofun	にじゅうごふん
3 minutos	sanpun	さんぷん
30 minutos	sanjuppun	さんじゅっぷん
35 minutos	sanjuugofun	さんじゅうごふん
4 minutos	yonpun	よんぷん
40 minutos	yonjuppun	よんじゅっぷん
45 minutos	yonjuugofun	よんじゅうごふん
5 minutos	gofun	ごふん
50 minutos	gojuppun	ごじゅっぷん
55 minutos	gojuugofun	ごじゅうごふん
6 minutos	roppun	ろっぷん
60 minutos	rokujuppun	ろくじゅっぷん
7 minutos	nanafun	ななふん

8 minutos	hachifun	はちふん
8 minutos	happun	はっぷん
9 minutos	kyuufun	きゅうふん

A

abajo	shita	した
Abril	shigatsu	しがつ
abuela	obaasan	おばあさん
abuelo	ojiisan	おじいさん
acero	kane	かね
actor	haiyuu	はいゆう
adios	sayounara	さようなら
aeropuerto	kuukou	くうこう
afuera	soto	そと
Agosto	hachigatsu	はちがつ
agradar mucho	daisuki	だいすき
agua	mizu	みず
agua de tomar fría	ohiya	おひや
¡Ah!	a!!	あっ！
ahí, ese lugar	soko	そこ
ahora	ima	いま
alfombra	juutan	じゅうたん
allá, ese lugar allá	asoko	あそこ
almohada	makura	まくら
almohadilla de calor	kairo	かいろ
AM	gozen	ごぜん
amarillo (adj.)	kiiroi	きいろい
amarillo (sustantivo)	kiiro	きいろ
América	amerika	アメリカ
Amigo	tomodachi	ともだち
anaranjado (color)	orenji	オレンジ
año pasado	kyonen	きょねん
antier	ototoi	おととい
anuncio	happyou	はっぴょう
apostar,azar	gyanburu	ギャンブル
aquí	koko	ここ
arenero	sunaba	すなば
arma de fuego	teppou	てっぽう
arriba	ue	うえ
arroz hervido	gohan	ごはん
arrugas	shiwa	しわ
atún	maguro	まぐろ
auto	kuruma	くるま
autobús	basu	バス
avión	hikouki	ひこうき

ayer	kinou	きのう
azul (adj.)	aoi	あおい
azul (sustantivo)	ao	あお
azul claro	mizuiro	みずいろ

B

baloncesto	basuketto booru	バスケットボール
banco	ginkou	ぎんこう
bandera	hata	はた
baño	ofuro	おふろ
baño	otearai	おてあらい
barco	fune	ふね
bebé	akachan	あかちゃん
bebida,bebidas	onomimono	おのみもの
bebida,bebidas	nomimono	のみもの
bellota	donguri	どんぐり
bicicleta	jitensha	じてんしゃ
blanco (adj.)	shiroi	しろい
blanco (sustantivo)	shiro	しろ
boca	kuchi	くち
boletos	chiketto	チケット
bote de basura	gomibako	ごみばこ
Brad Pitt (actor)	Braddo Pitto	ブラッド・ピット
brillante	pikapika	ぴかぴか
buenas noches	oyasuminasai	おやすみなさい
buenas tardes	konnichiwa	こんにちは
bueno	ii、yoi	いい 、よい
¿bueno? (en el teléfono)	moshimoshi	もしもし
buenos días	ohayou gozaimasu	おはよう ございます

C

caballo	uma	うま
cabeza	atama	あたま
café	ko–hi–	コーヒー
café (adj.)	chairoi	ちゃいろい
café (sustantivo)	chairo	ちゃいろ
calamar	ika	いか
calendario	karenda–	カレンダー
caliente	atsui	あつい
California	kariforunia	カリフォルニア
cama	beddo	ベッド
cámara	kamera	かめら
camarón	ebi	えび
cambio	otsuri	おつり
camión de bomberos	shoubousha	しょうぼうしゃ

Canadá	kanada	カナダ
cangrejo	kani	かに
carbonización	tansan	たんさん
cargar una cosa	hakobu	はこぶ
carne	niku	にく
carpa dorada	kingyo	きんぎょ
casa	ie	いえ
castaño	kuri	くり
cebolla	tamanegi	たまねぎ
cebollín	negi	ねぎ
cepillo de dientes	haburashi	ハブラシ
cerdo	buta	ぶた
césped	shibafu	しばふ
gris	guree	グレー
Chicago	shikago	シカゴ
China	chuugoku	ちゅうごく
chiste	joudan	じょうだん
cigarros	tabako	たばこ
cinco,las	goji	ごじ
cirugía	shujutsu	しゅじゅつ
ciudad	~shi	~し
clase	jugyou	じゅぎょう
cliente	okyakusan	おきゃくさん
cobija	moufu	もうふ
coca	ko–ra	コーラ
color	iro	いろ
comida	tabemono	たべもの
¿Cómo estás? (¿Estás bien?)	genki desu ka	げんき です か
compras, ir de	kaimono	かいもの
computadora	konpyu–ta–	コンピューター
computadora portátil	no–to pasokon	ノートパソコン
conejo	usagi	うさぎ
confusión	konran	こんらん
contacto	renraku	れんらく
contenido	mokuji	もくじ
Corea	kankoku	かんこく
cosa olvidada	wasuremono	わすれもの
cuál (dos cosas)	docchi	どっち
¿Cuál? (tres o más)	dore	どれ
¿Cuándo?	itsu	いつ
¿Cuántas cosas?	ikutsu	いくつ
¿Cuánto?	ikura	いくら
¿Cuántos objetos cilíndricos?	nanbon	なんぼん
¿Cuántos objetos delgados y planos?	nanmai	なんまい
¿Cuántos objetos redondos?	nanko	なんこ

cuatro,las	yoji	よじ
cucaracha	gokiburi	ごきぶり
cuchara	supu–n	スプーン
cumpleaños	tanjoubi	たんじょうび

D

dedo	yubi	ゆび
delicioso	oishii	おいしい
dentro	naka	なか
derecha	migi	みぎ
desagradar	kirai	きらい
descanso	yasumi	やすみ
desde ahora, desde este momento	imakara	いまから
destacar	medatsu	めだつ
Día de Año Nuevo	gantan	がんたん
día de descanso	yasumi	やすみ
Día de la constitución	kenpoukinenbi	けんぽうきねんび
Día de la Cultura	bunkanohi	ぶんかのひ
Día de la Independencia	dokuritsu kinenbi	どくりつきねんび
Día del Deporte	taiikunohi	たいいくのひ
Día del niño	kodomonohi	こどものひ
diagonal	naname	ななめ
diario	nikki	にっき
diccionario	jisho	じしょ
Diciembre	juunigatsu	じゅうにがつ
diente, dientes	ha	は
diez, las	juuji	じゅうじ
difícil	muzukashii	むずかしい
dinero	okane	おかね
dinosaurio	kyouryuu	きょうりゅう
disgustar	kirai	きらい
disgustar mucho	daikirai	だいきらい
doce, las	juuniji	じゅうにじ
dólares	doru	ドル
Domingo	nichiyoubi	にちようび
¿Dónde? ¿Qué lugar?	doko	どこ
dos, las	niji	にじ
dulce	okashi	おかし
durazno	momo	もも

E

él	kare	かれ

elefante	zou	ぞう
ella	kanojo	かのじょ
Enero	ichigatsu	いちがつ
entender	wakaru	わかる
Entonces	ja, jaa	じゃ、じゃあ
escarcha	shimo	しも
escuela	gakkou	がっこう
ese (de 2 cosas)	socchi	そっち
ese (de 3 cosas o más)	sore	それ
ese por allá (de 2 cosas)	acchi	あっち
ese por allá (de 3 cosas o más)	are	あれ
espagueti	supagetti–	スパゲッティー
espejo	kagami	かがみ
esposa	oyomesan	およめさん
esta semana	konshuu	こんしゅう
estado	~shuu	~しゅう
este	higashi	ひがし
este (de 2 cosas)	kocchi	こっち
este (de 3 cosas o más)	kore	これ
este año	kotoshi	ことし
este lugar	koko	ここ
este mes	kongetsu	こんげつ
estimado	natsukashii	なつかしい
Estoy bien	genki desu	げんき です
estrella (en el cielo)	hoshi	ほし
explosíon	bakuhatsu	ばくはつ

F

Febrero	nigatsu	にがつ
fecha de nacimiento	seinengappi	せいねんがっぴ
fiesta	pa-ti–	パーティー
flores	hana	はな
fluido	ekitai	えきたい
fresa	ichigo	いちご
frío	samui	さむい
frio al tocar	tsumetai	つめたい
fruta	furu–tsu	フルーツ
fruta	kudamono	くだもの
futból	sakka–	サッカー
futón	futon	ふとん

G

gato	neko	ねこ

Golf	gorufu	ゴルフ
gracias	arigatou	ありがとう
grafiti	rakugaki	らくがき
grande	ookii	おおきい
Gris	haiiro	はいいろ
gustar	suki	すき
gustar mucho	daisuki	だいすき

H

hamburguesa de quesa	chi–zuba–ga–	チーズバーガー
Harrison Ford (actor)	Harison Fo–do	ハリソン・フォード
hormiga	ari	あり
Hoy	kyou	きょう
huevo	tamago	たまご

I

idioma	~go	～ご
imitación	mane	まね
inodoro	toire	トイレ
internet	inta–netto	インターネット
invitado	okyakusan	おきゃくさん
Ir	iku	いく
izquierda	hidari	ひだり

J

jabón	sekken	せっけん
Japón	nihon	にほん
Japonés, Lenguaje	nihongo	にほんご
Japonés, Maestro de	nihongo no sensei	にほんごの せんせい
jardín de niños	youchien	ようちえん
jirafa	kirin	きりん
Jueves	mokuyoubi	もくようび
jugo	ju–su	ジュース
Julio	shichigatsu	しちがつ
Junio	rokugatsu	ろくがつ

K

kinder	youchien	ようちえん
Kobe (ciudad)	koube	こうべ

L

ladrón	dorobou	どろぼう
lagarto	tokage	とかげ

langosta	robusuta–	ロブスター
lápiz	enpitsu	えんぴつ
Las Vegas	rasu begasu	ラスベガス
lavabo	otearai	おてあらい
leche	miruku	ミルク
lechuga	retasu	レタス
lentes	megane	めがね
león	raion	ライオン
libro	hon	ほん
limón	remon	レモン
líquido	ekitai	えきたい
llave	kagi	かぎ
Los Ángeles	rosanzerusu	ロサンゼルス
Lunes	getsuyoubi	げつようび
luz de luna	gekkou	げっこう

M

maestro	sensei	せんせい
mamá	okaasan	おかあさん
mañana	gozen	ごぜん
mañana	ashita	あした
mano	te	て
manzana	ringo	りんご
marca	mejirushi	めじるし
Martes	kayoubi	かようび
Marzo	sangatsu	さんがつ
Mayo	gogatsu	ごがつ
media, hora (:30)	han	はん
menú	menyu–	メニュー
mes pasado	sengetsu	せんげつ
Miércoles	suiyoubi	すいようび
mono	saru	さる
monstruo	kaijuu	かいじゅう
morado	murasaki	むらさき
mosca	hae	はえ
música	ongaku	おんがく

N

nacionalidad	~jin	～じん
naranja (fruta)	mikan / orenji	みかん / オレンジ
naríz	hana	はな
Navidad	kurisumasu	クリスマス
negro (adj.)	kuroi	くろい
negro (sustantivo)	kuro	くろ
nieve	aisu kuri–mu	アイス・クリーム

no	iie	いいえ
no sabe bueno	oishikunai	おいしくない
nombre	namae	なまえ
nombre de niña	satoko	さとこ
norte	kita	きた
novia	kanojo	かのじょ
Noviembre	juuichigatsu	じゅういちがつ
novio		
nueve, las	kuji	くじ
nuevo	atarashii	あたらしい

O

obsequio	purezento	プレゼント
ocho,las	hachiji	はちじ
Octubre	juugatsu	じゅうがつ
odiar	kirai	きらい
odiar mucho	daikirai	だいきらい
oeste	nishi	にし
oído	mimi	みみ
ojo	me	め
once,las	juuichiji	じゅういちじ
oreja	mimi	みみ
oro	kiniro	きんいろ
oso	kuma	くま
oveja	hitsuji	ひつじ

P

padre	otousan	おとうさん
pájaro	tori	とり
palillos	ohashi, hashi	おはし, はし
paloma	hato	はと
pan	pan	パン
panda	panda	パンダ
pantalón	zubon	ズボン
papa	poteto	ポテト
papel	kami	かみ
paraguas	kasa	かさ
pareja casada	fuufu	ふうふ
parque de atracciones	yuuenchi	ゆうえんち
pasado mañana	asatte	あさって
pasatiempo	shumi	しゅみ
pasillo	rouka	ろうか
pastel	keeki	ケーキ
patatas, papas fritas	poteto	ポテト
pato	ahiru	あひる

patrulla	patoka–	パトカー
PC (computadora)	pasokon	パソコン
pecho	mune	むね
película	eiga	えいが
pequeño	chiisai	ちいさい
periódico	shinbun	しんぶん
pero	demo	でも
perro	inu	いぬ
persona vieja	roujin	ろうじん
pez,pescado	sakana	さかな
pie,pierna	ashi	あし
pimienta	koshou	こしょう
pistola	teppou	てっぽう
pizza	piza	ピザ
plátano	banana	バナナ
plateado	giniro	ぎんいろ
plato	(o) sara	(お) さら
pluma	pen	ペン
PM	gogo	ごご
pollo	chikin	チキン
por supuesto	mochiron	もちろん
postre	deza–to	デザート
prefectura	~ken	~けん
presión alta	kouatsu	こうあつ
presión baja	teiatsu	ていあつ
puerco	buta	ぶた

Q

¿Qué?	nani	なに
¿Qué? ¿Cuál ? ¿De que tipo?	nanno?	なんの？
¿Qué año?	nannen	なんねん
Que bién. / Grandioso	sugoi desu ne	すごい です ね
¿Qué color?	nani iro	なにいろ
¿Qué día de la semana?	nanyoubi	なんようび
¿Qué día del mes?	nannichi	なんにち
¿Qué hora?	nanji	なんじ
¿Qué idioma?	nanigo	なにご
¿Qué mes?	nangatsu	なんがつ
¿Qué nacionalidad?	nanijin	なにじん
querer	hoshii	ほしい
querido	natsukashii	なつかしい
¿Quién?	dare	だれ
quizás	tabun	たぶん

R

rábano	daikon	だいこん
rana	kaeru	かえる
raro (adj.)	mezurashii	めずらしい
ratón	nezumi	ねずみ
razón	riyuu	りゆう
refrigerador	reizouko	れいぞうこ
regalo	purezento	プレゼント
región	chiiki	ちいき
regresar	kaeru	かえる
reloj	tokei	とけい
res	bi–fu	ビーフ
restaurante	resutoran	レストラン
revista	zasshi	ざっし
roca	iwa	いわ
rodaballo	hirame	ひらめ
rojo	aka	あか
rojo	akai	あかい
ropa	fuku	ふく
rosa	pinku	ピンク
rostro	kao	かお
rumor	uwasa	うわさ

S

Sábado	doyoubi	どようび
sabe bueno	oishii	おいしい
saber	wakaru	わかる
sabiduría	chie	ちえ
sal	shio	しお
sandía	suika	すいか
sandwich	sandoicchi	サンドイッチ
sandwich (versión corta)	sando	サンド
sanitario	toire	トイレ
seis, las	rokuji	ろくじ
Semana Dorada	goruden wi–ku	ゴールデンウィーク
semana pasada	senshuu	せんしゅう
Septiembre	kugatsu	くがつ
serpiente	hebi	へび
sí	hai	はい
siete, las	shichiji	しちじ
siguiente año	rainen	らいねん
siguiente mes	raigetsu	らいげつ
siguiente semana	raishuu	らいしゅう
silla	isu	いす
soldado	heitai	へいたい
sopa de miso	misoshiru	みそしる

Sr., Sra., Srta.	~san (después de un nombre)	さん
subir de precio	neage	ねあげ
surgery	minami	みなみ
sushi	sushi	すし

T

tal vez	tabun	たぶん
tarde	gogo	ごご
tarea	shukudai	しゅくだい
tarjeta de negocios	meishi	めいし
tazón	ochawan, chawan	おちゃわん, ちゃわん
té verde	ocha	おちゃ
techo	yane	やね
teléfono	denwa	でんわ
teléfono celular	keitaidenwa	けいたいでんわ
televisión	terebi	テレビ
tenedor	fo–ku	フォーク
tibio	nurui	ぬるい
tiempo libre	hima	ひま
to undress	nugu	ぬぐ
toalla	taoru	タオル
tomar agua	mizuwo nomu	みずを のむ
tomate	tomato	トマト
tormenta	arashi	あらし
tornillo	neji	ねじ
tortuga	kame	かめ
trabajo	shigoto	しごと
trabajo de tiempo medio	arubaito	アルバイト
transparente	toumei	とうめい
tren	densha	でんしゃ
tren bala	shinkansen	しんかんせん
tres, las	sanji	さんじ
triciclo	sanrinsha	さんりんしゃ
trueno	kaminari	かみなり
tú	anata	あなた
turismo	kankou	かんこう

U

una, la	ichiji	いちじ
usted	anata	あなた
uvas	budou	ぶどう

V

vaca	ushi	うし
vaso	koppu	コップ
venir	kuru	くる
ventana	mado	まど
verde	midori	みどり
verdura	yasai	やさい
viajar	ryokou	りょこう
viejo	furui	ふるい
Viernes	kinyoubi	きんようび
violencia	ranbou	らんぼう

Y

yen	en	えん
Yo (masculino o femenino)	watashi	わたし
Yo (sólo)	boku	ぼく
Yoshio - nombre de niño	Yoshio	よしお

Z

zanahoria	ninjin	にんじん
zapato	kutsu	くつ
zorro	kitsune	きつね

Glosario de Ro–maji

A

a!!	¡Ah!	あっ！
acchi	ese por allá (de 2 cosas)	あっち
ahiru	pato	あひる
aisu kuri–mu	nieve	アイス・クリーム
aka	rojo	あか
akachan	bebé	あかちゃん
akai	rojo	あかい
amerika	América	アメリカ
anata	usted, tú	あなた
Ao	azul (sustantivo)	あお
Aoi	azul (adj.)	あおい
arashi	tormenta	あらし
Are	ese por allá (de 3 cosas o más)	あれ
Ari	hormiga	あり
arigatou	gracias	ありがとう
arubaito	trabajo de tiempo medio	アルバイト
asatte	pasado mañana	あさって
ashi	pie,pierna	あし
ashita	mañana	あした
asoko	allá, ese lugar allá	あそこ
atama	cabeza	あたま
atarashii	nuevo	あたらしい
atsui	caliente	あつい

B

bakuhatsu	explosión	ばくはつ
banana	plátano	バナナ
basu	autobús	バス
basuketto booru	baloncesto	バスケットボール
beddo	cama	ベッド
bi–fu	res	ビーフ
boku	Yo (solo hombres)	ぼく
Braddo Pitto	Brad Pitt (actor)	ブラッド・ピット
budou	uvas	ぶどう
bunkanohi	Día de la Cultura	ぶんかのひ
buta	cerdo	ぶた

C

chairo	café (sustantivo)	ちゃいろ
chairoi	café (adj.)	ちゃいろい

chawan	tazón	ちゃわん
chie	sabiduria	ちえ
chiiki	región	ちいき
chiisai	pequeño	ちいさい
chiketto	boletos	チケット
chikin	pollo	チキン
chi–zuba–ga–	hamburguesa de queso	チーズバーガー
chuugoku	China	ちゅうごく

D

daikirai	disgustar mucho, odiar mucho	だいきらい
daikon	rábano	だいこん
daisuki	gustar mucho, agradar mucho	だいすき
dare	¿Quién?	だれ
demo	pero	でも
densha	tren	でんしゃ
denwa	teléfono	でんわ
deza–to	postre	デザート
docchi	cuál (dos cosas)	どっち
doko	¿Dónde? ¿Qué lugar?	どこ
dokuritsu kinenbi	Día de la Independencia	どくりつきねんび
donguri	bellota	どんぐり
dore	¿Cuál? (tres o más)	どれ
dorobou	ladrón	どろぼう
doru	dólares	ドル
doyoubi	Sábado	どようび

E

Ebi	camarón	えび
eiga	película	えいが
ekitai	líquido, fluido	えきたい
En	yen	えん
enpitsu	lápiz	えんぴつ

F

fo–ku	tenedor	フォーク
fuku	ropa	ふく
fune	barco	ふね
furui	viejo	ふるい
furu–tsu	fruta	フルーツ
futon	futón	ふとん
fuufu	pareja casada	ふうふ

G

gakkou	escuela	がっこう
gantan	Día de Año Nuevo	がんたん
gekkou	luz de luna	げっこう
genki desu	Estoy bien	げんき です
genki desu ka	¿Cómo estás? (¿Estás bien?)	げんき です か
getsuyoubi	Lunes	げつようび
giniro	plateado	ぎんいろ
ginkou	banco	ぎんこう
go	~ idioma	~ご
go	5	ご
gofun	5 minutos	ごふん
gogatsu	Mayo	ごがつ
gogo	PM (también significa tarde)	ごご
gohan	arroz hervido	ごはん
goji	cinco, las	ごじ
gojuppun	50 minutos	ごじゅっぷん
gojuugofun	55 minutos	ごじゅうごふん
gokiburi	cucaracha	ごきぶり
gomibako	bote de basura	ごみばこ
goruden wi–ku	Semana Dorada	ゴールデンウィーク
gorufu	golf	ゴルフ
gozen	AM (tambien significa mañana)	ごぜん
guree	gris	グレー
gyanburu	azar, apostar	ギャンブル

H

ha	diente, dientes	は
haburashi	cepillo de dientes	ハブラシ
hachi	8	はち
hachifun	8 minutos	はちふん
hachigatsu	Agosto	はちがつ
hachiji	ocho, las	はちじ
hae	mosca	はえ
hai	sí	はい
haiiro	gris	はいいろ
haiyuu	actor	はいゆう
hakobu	cargar una cosa	はこぶ
han	media, hora (:30)	はん
hana	flores	はな
hana	naríz	はな
happun	8 minutos	はっぷん
happyou	anuncio	はっぴょう
Harison Fo–do	Harrison Ford (actor)	ハリソン・フォード

hashi	palillos	はし
hata	bandera	はた
hato	paloma	はと
hebi	serpiente	へび
heitai	soldado	へいたい
hidari	izquierda	ひだり
higashi	este	ひがし
hikouki	avión	ひこうき
hima	tiempo libre	ひま
hirame	rodaballo	ひらめ
hitsuji	oveja	ひつじ
hon	libro	ほん
hoshi	estrella (en el cielo)	ほし
hoshii	querer	ほしい

I

ichi	1	いち
ichigatsu	Enero	いちがつ
ichigo	fresa	いちご
ichiji	una, la	いちじ
ie	casa	いえ
ii、yoi	bueno, agradable	いい 、よい
iie	no	いいえ
ika	calamar	いか
iku	ir	いく
ikura	¿Cuánto?	いくら
ikutsu	¿Cuántas cosas?	いくつ
ima	ahora	いま
imakara	desde ahora / desde este momento	いまから
inta–netto	internet	インターネット
inu	perro	いぬ
ippun	1 minuto	いっぷん
iro	color	いろ
isu	silla	いす
itsu	¿Cuándo?	いつ
iwa	roca	いわ

J

ja, jaa	entonces	じゃ、じゃあ
jin	~ nacionalidad	~じん
jisho	diccionario	じしょ
jitensha	bicycle	じてんしゃ
joudan	chiste	じょうだん

jugyou	clase	じゅぎょう
juppun	10 minutos	じゅっぷん
ju–su	jugo	ジュース
juu	10	じゅう
juugatsu	Octubre	じゅうがつ
juugofun	15 minutos	じゅうごふん
juuhachifun	18 minutos	じゅうはちふん
juuhachifun	18 minutos	じゅうはちふん
juuichigatsu	Noviembre	じゅういちがつ
juuichiji	once, las	じゅういちじ
juuippun	11 minutos	じゅういっぷん
juuji	diez, las	じゅうじ
juukyuufun	19 minutos	じゅうきゅうふん
juunanafun	17 minutos	じゅうななふん
juunifun	12 minutos	じゅうにふん
juunigatsu	Diciembre	じゅうにがつ
juuniji	doce, las	じゅうにじ
juuroppun	16 minutos	じゅうろっぷん
juusanpun	13 minutos	じゅうさんぷん
juutan	alfombra	じゅうたん
juuyonpun	14 minutos	じゅうよんぷん

K

kaeru	rana	かえる
kaeru	regresar	かえる
kagami	espejo	かがみ
kagi	llave	かぎ
kaijuu	monstruo	かいじゅう
kaimono	compras, ir de	かいもの
kairo	almohadilla de calor	かいろ
kame	tortuga	かめ
kamera	cámara	かめら
kami	papel	かみ
kaminari	trueno, relampago	かみなり
kanada	Canadá	カナダ
kane	acero	かね
kani	cangrejo	かに
kankoku	Corea	かんこく
kankou	turismo	かんこう
kanojo	ella, novia	かのじょ
kao	rostro	かお
kare	él, novio	かれ
karenda–	calendario	カレンダー
kariforunia	California	カリフォルニア
kasa	paraguas	かさ

kayoubi	Martes	かようび
keeki	pastel	ケーキ
keitaidenwa	teléfono celular	けいたいでんわ
ken	~ Prefectura	~けん
kenpoukinenbi	Día de la Constitución	けんぽうきねんび
kiiro	amarillo (sustantivo)	きいろ
kiiroi	amarillo (adj.)	きいろい
kingyo	carpa dorada	きんぎょ
kiniro	oro	きんいろ
kinou	ayer	きのう
kinyoubi	Vuiernes	きんようび
kirai	desagradar, odiar	きらい
kirin	jirafa	きりん
kita	norte	きた
kitsune	zorro	きつね
kocchi	este (de 2 cosas)	こっち
kodomonohi	Día del niño	こどものひ
ko–hi–	café	コーヒー
koko	aquí, este lugar	ここ
kongetsu	este mes	こんげつ
konnichiwa	buenas tardes	こんにちは
konpyu–ta–	computadora	コンピューター
konran	confusión	こんらん
konshuu	esta semana	こんしゅう
koppu	vaso	コップ
ko–ra	coca	コーラ
kore	este (de 3 cosas o más)	これ
koshou	pimienta	こしょう
kotoshi	este año	ことし
kouatsu	presión alta	こうあつ
koube	Kobe (ciudad)	こうべ
ku	9	く
kuchi	boca	くち
kudamono	fruta	くだもの
kugatsu	Septiembre	くがつ
kuji	nueve, las	くじ
kuma	oso	くま
kuri	castaño	くり
kurisumasu	Navidad	クリスマス
kuro	black (sustantivo)	くろ
kuroi	black (adj.)	くろい
kuru	venir	くる
kuruma	auto	くるま
kutsu	zapato	くつ

kuukou	aeropuerto	くうこう
kyonen	año pasado	きょねん
kyou	hoy	きょう
kyouryuu	dinosaurio	きょうりゅう
kyuu	9	きゅう
kyuufun	9 minutos	きゅうふん

M

mado	ventana	まど
maguro	atún	まぐろ
makura	almohada	まくら
mane	imitación	まね
maru	círculo,cero	まる
me	ojo	め
medatsu	resaltar, destacar	めだつ
megane	lentes	めがね
meishi	tarjeta de negocios	めいし
mejirushi	marca, punto de referencia	めじるし
menyu–	menú	メニュー
mezurashii	raro (adj.)	めずらしい
midori	verde	みどり
migi	derecha	みぎ
mikan / orenji	naranja (fruta)	みかん / オレンジ
mimi	oído, oreja	みみ
minami	sur	みなみ
miruku	leche	ミルク
misoshiru	sopa de miso	みそしる
mizu	agua	みず
mizuiro	azul claro	みずいろ
mizuwo nomu	tomar agua	みずを のむ
mochiron	por supuesto	もちろん
mokuji	contenido	もくじ
mokuyoubi	Jueves	もくようび
momo	durazno	もも
moshimoshi	¿bueno? (en el teléfono)	もしもし
moufu	cobija	もうふ
mune	pecho	むね
murasaki	morado	むらさき
muzukashii	difícil	むずかしい

N

naka	dentro	なか
namae	nombre	なまえ
nana	7	なな
nanafun	7 minutos	ななふん

naname	diagonal	ななめ
nanbon	¿Cuántos objetos cilíndricos?	なんぼん
nangatsu	¿Qué mes?	なんがつ
nani	¿Qué?	なに
nani iro	¿Qué color?	なにいろ
nanigo	¿Qué idioma?	なにご
nanijin	¿Qué nacionalidad?	なにじん
nanji	¿Qué hora?	なんじ
nanko	¿Cuántos objetos redondos?	なんこ
nanmai	¿Cuántos objetos delgados y planos?	なんまい
nannen	¿Qué año?	なんねん
nannichi	¿Qué día del mes?	なんにち
nanno?	¿Qué? ¿Cuál ? ¿De que tipo?	なんの？
nanyoubi	¿Qué día de la semana?	なんようび
natsukashii	estimado, querido	なつかしい
neage	subir de precio	ねあげ
negi	cebollín	ねぎ
neji	tornillo	ねじ
neko	gato	ねこ
nezumi	ratón	ねずみ
ni	2	に
nichiyoubi	Domingo	にちようび
nifun	2 minutos	にふん
nigatsu	Febrero	にがつ
nihon	Japón	にほん
nihongo	Japonés, Lenguaje	にほんご
nihongo no sensei	Japonés, Maestro de	にほんごの せんせい
niji	dos, las	にじ
nijuppun	20 minutos	にじゅっぷん
nijuugofun	25 minutos	にじゅうごふん
nikki	diario	にっき
niku	carne	にく
ninjin	zanahoria	にんじん
nishi	oeste	にし
nomimono	bebida, bebidas	のみもの
no–to pasokon	computadora portatíl	ノートパソコン
nugu	desvestirse	ぬぐ
nurui	tibio	ぬるい

O

obaasan	abuela	おばあさん
ocha	té verde	おちゃ
ochawan	tazón	おちゃわん

ofuro	baño	おふろ
ohashi	palillos	おはし
ohayou gozaimasu	buenos días	おはよう ございます
ohiya	agua de tomar fría	おひや
oishii	sabe bueno, delicioso	おいしい
oishikunai	no sabe bueno, no delicioso	おいしくない
ojiisan	abuelo	おじいさん
okaasan	mamá, madre	おかあさん
okane	dinero	おかね
okashi	dulce, bocadillo	おかし
okyakusan	cliente, invitado	おきゃくさん
ongaku	música	おんがく
onomimono	bebida	おのみもの
ookii	grande	おおきい
orenji	anaranjado, naranja (color)	オレンジ
osara	plato	おさら
otearai	baño	おてあらい
ototoi	antier	おととい
otousan	padre	おとうさん
otsuri	cambiar	おつり
oyasuminasai	buenas noches	おやすみなさい
oyomesan	esposa	およめさん

P

pan	pan	パン
panda	panda	パンダ
pasokon	PC (computadora)	パソコン
pa–ti–	fiesta	パーティー
patoka–	patrulla	パトカー
pen	pluma	ペン
pikapika	brillante	ぴかぴか
pinku	rosa	ピンク
piza	pizza	ピザ
poteto	Papas fritas	ポテト
poteto	papa	ポテト
purezento	regalo, obsequio	プレゼント

R

raigetsu	siguiente mes	らいげつ
rainen	siguiente año	らいねん
raion	león	ライオン
raishuu	siguiente semana	らいしゅう
rakugaki	grafiti	らくがき
ranbou	violencia	らんぼう
rasu begasu	Las Vegas	ラスベガス

rei	cero, 0	れい
reizouko	refrigerador	れいぞうこ
remon	limón	レモン
renraku	contacto	れんらく
resutoran	restaurante	レストラン
retasu	lechuga	レタス
ringo	manzana	りんご
riyuu	razón	りゆう
robusuta–	langosta	ロブスター
roku	6	ろく
rokugatsu	Junio	ろくがつ
rokuji	seis, las	ろくじ
rokujuppun	60 minutos	ろくじゅっぷん
roppun	6 minutos	ろっぷん
rosanzerusu	Los Ángeles	ロサンゼルス
roujin	persona vieja, anciano	ろうじん
rouka	pasillo	ろうか
ryokou	viajar	りょこう

S

sakana	pez, pescado	さかな
sakka–	fútbol	サッカー
samui	frío	さむい
san	3	さん
san (después de un nombre)	Sr., Sra., Srta.	さん
sando	sandwich (versión corta)	サンド
sandoicchi	sandwich	サンドイッチ
sangatsu	Marzo	さんがつ
sanji	tres, las	さんじ
sanjuppun	30 minutos	さんじゅっぷん
sanjuugofun	35 minutos	さんじゅうごふん
sanpun	3 minutos	さんぷん
sanrinsha	triciclo	さんりんしゃ
sara	plato	さら
saru	mono	さる
satoko	nombre de niña	さとこ
sayounara	adiós	さようなら
seinengappi	fecha de nacimiento	せいねんがっぴ
sekken	jabón	せっけん
sengetsu	mes pasado	せんげつ
sensei	maestro	せんせい
senshuu	semana pasada	せんしゅう
shi	~ Ciudad	~し
shi	4	し

shibafu	césped	しばふ
shichi	7	しち
shichigatsu	Julio	しちがつ
shichiji	siete, las	しちじ
shigatsu	Abril	しがつ
shigoto	trabajo	しごと
shikago	Chicago	シカゴ
shimo	escarcha	しも
shinbun	periódico	しんぶん
shinkansen	tren bala	しんかんせん
shio	sal	しお
shiro	blanco	しろ
shiroi	blanco	しろい
shita	abajo	した
shiwa	arruga	しわ
shoubousha	camión de bomberos	しょうぼうしゃ
shujutsu	cirugía	しゅじゅつ
shukudai	tarea	しゅくだい
shumi	pasatiempo	しゅみ
shuu	~ Estado	~しゅう
socchi	ese (de 2 cosas)	そっち
soko	ahí, ese lugar	そこ
sore	ese (de 3 cosas o más)	それ
soto	afuera	そと
sugoi desu ne	Que bién. / Grandioso	すごい です ね
suika	sandía	すいか
suiyoubi	Miércoles	すいようび
suki	gustar, agradar	すき
sunaba	arenero	すなば
supagetti–	espagueti	スパゲッティー
supu–n	cuchara	スプーン
sushi	sushi	すし

T

tabako	cigarros	たばこ
tabemono	comida	たべもの
tabun	quizás, tal vez	たぶん
taiikunohi	Día del Deporte	たいいくのひ
tamago	huevo	たまご
tamanegi	cebolla	たまねぎ
tanjoubi	cumpleaños	たんじょうび
tansan	carbonización	たんさん
taoru	toalla	タオル
te	mano	て
teiatsu	presión baja	ていあつ

teppou	pistola	てっぽう
terebi	televisión	テレビ
toire	sanitario, inodoro	トイレ
tokage	lagarto	とかげ
tokei	reloj	とけい
tomato	tomate	トマト
tomodachi	amigo	ともだち
tori	pájaro	とり
toumei	transparente	とうめい
tsumetai	frío al tocar	つめたい

U

ue	arriba	うえ
uma	caballo	うま
usagi	conejo	うさぎ
ushi	vaca	うし
uwasa	rumor	うわさ

W

wakaru	entender, saber	わかる
wasuremono	cosa olvidada	わすれもの
watashi	Yo (masculino o femenino)	わたし

Y

yane	techo	やね
yasai	vegetable	やさい
yasumi	día de descanso, descanso	やすみ
yoji	four o'clock	よじ
yon	4	よん
yonjuppun	40 minutos	よんじゅっぷん
yonjuugofun	45 minutos	よんじゅうごふん
yonpun	4 minutos	よんぷん
Yoshio	nombre de niño	よしお
youchien	kinder, jardín de niñós	ようちえん
yubi	dedo	ゆび
yuuenchi	parque de diversiones	ゆうえんち

Z

zasshi	revista	ざっし
zero	cero, 0	ゼロ
zou	elefante	ぞう
zubon	pantalón	ズボン

Glosario de Kana

あ

アイス・クリーム	nieve	aisu kuri–mu
あお	azul (sustantivo)	ao
あおい	azul (adj.)	aoi
あか	rojo	aka
あかい	rojo	akai
あかちゃん	bebé	akachan
あさって	pasado mañana	asatte
あし	pie, pierna	ashi
あした	mañana	ashita
あそこ	allá, ese lugar allá	asoko
あたま	cabeza	atama
あたらしい	nuevo	atarashii
あっ！	¡Ah!	a!!
あつい	caliente	atsui
あっち	ese por allá (de 2 cosas)	acchi
あなた	usted, tú	anata
あひる	pato	ahiru
アメリカ	América	amerika
あらし	tormenta	arashi
あり	hormiga	ari
ありがとう	gracias	arigatou
アルバイト	trabajo de tiempo medio	arubaito
あれ	ese por allá (de 3 cosas o más)	are

い

いい、よい	nice, good	ii、yoi
いいえ	no	iie
いえ	casa	ie
いか	calamar	ika
いく	ir	iku
いくつ	¿Cuántas cosas?	ikutsu
いくら	¿Cuánto?	ikura
いす	silla	isu
いち	1	ichi
いちがつ	Enero	ichigatsu
いちご	fresa	ichigo
いちじ	una, la	ichiji
いつ	¿Cuándo?	itsu
いっぷん	1 minuto	ippun

いぬ	perro	inu
いま	ahora	ima
いまから	desde ahora / desde este momento	imakara
いろ	color	iro
いわ	roca	iwa
インターネット	internet	inta–netto

う

うえ	arriba	ue
うさぎ	conejo	usagi
うし	vaca	ushi
うま	caballo	uma
うわさ	rumor	uwasa

え

えいが	película	eiga
えきたい	líquido, fluido	ekitai
えび	camarón	ebi
えん	yen	en
えんぴつ	lápiz	enpitsu

お

おいしい	sabe bueno, delicioso	oishii
おいしくない	no sabe bueno, no delicioso	oishikunai
おおきい	grande	ookii
おかあさん	madre	okaasan
おかし	bocadillo	okashi
おかね	dinero	okane
おきゃくさん	cliente, invitado	okyakusan
おさら	plato	osara
おじいさん	abuelo	ojiisan
おちゃ	té verde	ocha
おちゃわん	tazón	ochawan
おつり	cambio	otsuri
おてあらい	baño	otearai
おとうさん	padre	otousan
おととい	antier	ototoi
おのみもの	bebida	onomimono
おばあさん	abuela	obaasan
おはし	palillos	ohashi
おはよう ございます	buenos días	ohayou gozaimasu

おひや	agua de tomar fría	ohiya
おふろ	baño	ofuro
おやすみなさい	buenas noches	oyasuminasai
およめさん	esposa	oyomesan
オレンジ	anaranjado (color)	orenji
おんがく	música	ongaku

か

かいじゅう	monstruo	kaijuu
かいもの	compras, ir de	kaimono
かいろ	almohadilla de calor	kairo
かえる	rana	kaeru
かえる	regresar	kaeru
かお	rostro	kao
かがみ	espejo	kagami
かぎ	llave	kagi
かさ	paraguas	kasa
がっこう	escuela	gakkou
カナダ	Canadá	kanada
かに	cangrejo	kani
かね	acero	kane
かのじょ	ella, novia	kanojo
かみ	papel	kami
かみなり	trueno, relampago	kaminari
かめ	tortuga	kame
かめら	cámara	kamera
かようび	Martes	kayoubi
カリフォルニア	California	kariforunia
かれ	él, novio	kare
カレンダー	calendario	karenda-
かんこう	turismo	kankou
かんこく	Corea	kankoku
がんたん	Día de Año Nuevo	gantan

き

きいろ	amarillo (sustantivo)	kiiro
きいろい	amarillo (adj.)	kiiroi
きた	norte	kita
きつね	zorro	kitsune
きのう	ayer	kinou
ギャンブル	azar, apostar	gyanburu
きゅう	9	kyuu
きゅうふん	9 minutos	kyuufun

きょう	hoy	kyou
きょうりゅう	dinosaurio	kyouryuu
きょねん	año pasado	kyonen
きらい	desagradar, odiar	kirai
きりん	jirafa	kirin
きんいろ	oro	kiniro
ぎんいろ	plateado	giniro
きんぎょ	carpa dorado	kingyo
ぎんこう	banco	ginkou
きんようび	Viernes	kinyoubi

く

く	9	ku
くうこう	aeropuerto	kuukou
くがつ	Septiembre	kugatsu
くじ	nueve, las	kuji
くだもの	fruta	kudamono
くち	bocadillo	kuchi
くつ	zapato	kutsu
くま	oso	kuma
くり	castaño	kuri
クリスマス	Navidad	kurisumasu
くる	venir	kuru
くるま	auto	kuruma
グレー	gris	guree
くろ	negro (sustantivo)	kuro
くろい	negro (adj.)	kuroi

け

けいたいでんわ	teléfono celular	keitaidenwa
ケーキ	pastel	keeki
げっこう	luz de luna	gekkou
げつようび	Lunes	getsuyoubi
けん	~ Prefectura	~ken
げんき です	Estoy bien	genki desu
げんき です か	¿Cómo estás? (¿Estás bien?)	genki desu ka
けんぽうきねんび	Día de la Constitución	kenpoukinenbi

こ

ご	~ idioma	~go
ご	5	go

こうあつ	presión alta	kouatsu
こうべ	Kobe (ciudad)	koube
コーヒー	café	ko–hi–
コーラ	coca	ko–ra
ゴールデンウィーク	Semana Dorada	goruden wi–ku
ごがつ	Mayo	gogatsu
ごきぶり	cucaracha	gokiburi
ここ	aquí, este lugar	koko
ごご	PM (también significa tarde)	gogo
ごじ	cinco, las	goji
ごじゅうごふん	55 minutos	gojuugofun
ごじゅっぷん	50 minutos	gojuppun
こしょう	pimienta	koshou
ごぜん	AM (también significa mañana)	gozen
こっち	este (de 2 cosas)	kocchi
コップ	vaso	koppu
ことし	este año	kotoshi
こどものひ	Día del niño	kodomonohi
ごはん	arroz hervido	gohan
ごふん	5 minutos	gofun
ごみばこ	bote de basura	gomibako
ゴルフ	golf	gorufu
これ	este (de 3 cosas o más)	kore
こんげつ	este mes	kongetsu
こんしゅう	esta semana	konshuu
こんにちは	buenas tardes	konnichiwa
コンピューター	computadora	konpyu–ta–
こんらん	confusión	konran

さ

さかな	pez, pescado	sakana
サッカー	fútbol	sakka–
ざっし	revista	zasshi
さとこ	nombre de niña	satoko
さむい	frío	samui
さようなら	adiós	sayounara
さら	plato	sara
さる	mono	saru
さん	3	san
さん	Sr., Sra., Srta.	san (después de un nombr
さんがつ	Marzo	sangatsu
さんじ	tres, las	sanji
さんじゅうごふん	35 minutos	sanjuugofun
さんじゅっぷん	30 minutos	sanjuppun

サンド	sandwich (versión corta)	sando
サンドイッチ	sandwich	sandoicchi
さんぷん	3 minutos	sanpun
さんりんしゃ	triciclo	sanrinsha

し

し	~ Ciudad	~shi
し	4	shi
しお	sal	shio
シカゴ	Chicago	shikago
しがつ	Abril	shigatsu
しごと	trabajo	shigoto
じしょ	diccionario	jisho
した	abajo	shita
しち	7	shichi
しちがつ	Julio	shichigatsu
しちじ	siete, las	shichiji
じてんしゃ	bicicleta	jitensha
しばふ	césped	shibafu
しも	escarcha	shimo
じゃ、じゃあ	entonces	ja, jaa
しゅう	~ Estado	~shuu
じゅう	10	juu
じゅういちがつ	Noviembre	juuichigatsu
じゅういちじ	once, las	juuichiji
じゅういっぷん	11 minutos	juuippun
じゅうがつ	Octubre	juugatsu
じゅうきゅうふん	19 minutos	juukyuufun
じゅうごふん	15 minutos	juugofun
じゅうさんぷん	13 minutos	juusanpun
じゅうじ	diez, las	juuji
ジュース	jugo	ju–su
じゅうたん	alfombra	juutan
じゅうななふん	17 minutos	juunanafun
じゅうにがつ	Diciembre	juunigatsu
じゅうにじ	doce, las	juuniji
じゅうにふん	12 minutos	juunifun
じゅうはちふん	18 minutos	juuhachifun
じゅうはちふん	18 minutos	juuhachifun
じゅうよんぷん	14 minutos	juuyonpun
じゅうろっぷん	16 minutos	juuroppun
じゅぎょう	clase	jugyou
しゅくだい	tarea	shukudai

しゅじゅつ	cirugía	shujutsu
じゅっぷん	10 minutos	juppun
しゅみ	pasatiempo	shumi
じょうだん	chiste	joudan
しょうぼうしゃ	camión de bomberos	shoubousha
しろ	blanco	shiro
しろい	blanco	shiroi
しわ	arrugas	shiwa
じん	~ nacionalidad	~jin
しんかんせん	tren bala	shinkansen
しんぶん	periódico	shinbun

す

すいか	sandía	suika
すいようび	Miércoles	suiyoubi
すき	gustar, agradar	suki
すごい ですね	Que bién. / Grandioso	sugoi desu ne
すし	sushi	sushi
すなば	arenero	sunaba
スパゲッティー	espagueti	supagetti–
スプーン	cuchara	supu–n
ズボン	pantalón	zubon

せ

せいねんがっぴ	fecha de nacimiento	seinengappi
せっけん	jabón	sekken
ゼロ	cero, 0	zero
せんげつ	mes pasado	sengetsu
せんしゅう	semana pasada	senshuu
せんせい	maestro	sensei

そ

ぞう	elefante	zou
そこ	ahí, ese lugar	soko
そっち	ese (de 2 cosas)	socchi
そと	afuera	soto
それ	ese (de 3 cosas o más)	sore

た

| たいいくのひ | Día del deporte | taiikunohi |
| だいきらい | disgustar mucho, odiar mucho | daikirai |

だいこん	rábano	daikon
だいすき	gustar mucho, agradar mucho	daisuki
タオル	toalla	taoru
たばこ	cigarros	tabako
たぶん	quizás, tal vez	tabun
たべもの	comida	tabemono
たまご	huevo	tamago
たまねぎ	cebolla	tamanegi
だれ	¿Quién?	dare
たんさん	carbonización	tansan
たんじょうび	cumpleaños	tanjoubi

ち

ちいき	región	chiiki
ちいさい	pequeño	chiisai
チーズバーガー	hamburguesa de queso	chi–zuba–ga–
ちえ	sabiduría	chie
チキン	pollo	chikin
チケット	boletos	chiketto
ちゃいろ	café (sustantivo)	chairo
ちゃいろい	café (adj.)	chairoi
ちゃわん	tazón	chawan
ちゅうごく	China	chuugoku

つ

つめたい	frío al tocar	tsumetai

て

て	mano	te
ていあつ	presión baja	teiatsu
デザート	postre	deza–to
てっぽう	pistola	teppou
でも	pero	demo
テレビ	televisión	terebi
でんしゃ	tren	densha
でんわ	teléfono	denwa

と

トイレ	sanitario, inodoro	toire
とうめい	transparente	toumei

とかげ	lagarto	tokage
どくりつきねんび	Día de la Independencia	dokuritsu kinenbi
とけい	reloj	tokei
どこ	¿Dónde? ¿Qué lugar?	doko
どっち	cuál (dos cosas)	docchi
トマト	tomate	tomato
ともだち	amigo	tomodachi
どようび	Sábado	doyoubi
とり	pájaro	tori
ドル	dólares	doru
どれ	¿Cuál? (tres o más)	dore
どろぼう	ladrón	dorobou
どんぐり	bellota	donguri

な

なか	dentro	naka
なつかしい	estimado, querido	natsukashii
なな	7	nana
ななふん	7 minutos	nanafun
ななめ	diagonal	naname
なに	¿Qué?	nani
なにいろ	¿Qué color?	nani iro
なにご	¿Qué idioma?	nanigo
なにじん	¿Qué nacionalidad?	nanijin
なまえ	nombre de niña	namae
なんがつ	¿Qué mes?	nangatsu
なんこ	¿Cuántos objetos redondos?	nanko
なんじ	¿Qué hora?	nanji
なんにち	¿Qué día del mes?	nannichi
なんねん	¿Qué año?	nannen
なんの？	¿Qué? ¿Cuál ? ¿De que tipo?	nanno?
なんぼん	¿Cuántos objetos cilíndricos?	nanbon
なんまい	¿Cuántos objetos delgados y planos?	nanmai
なんようび	¿Qué día de la semana?	nanyoubi

に

に	2	ni
にがつ	Febrero	nigatsu
にく	carne	niku
にし	oeste	nishi
にじ	dos, las	niji
にじゅうごふん	25 minutos	nijuugofun
にじゅっぷん	20 minutos	nijuppun

にちようび	Domingo	nichiyoubi
にっき	diario	nikki
にふん	2 minutos	nifun
にほん	Japón	nihon
にほんご	Japonés, Lenguaje	nihongo
にほんごの せんせい	Japonés, Maestro de	nihongo no sensei
にんじん	zanahoria	ninjin

ぬ

| ぬぐ | desvestirse | nugu |
| ぬるい | tibio | nurui |

ね

ねあげ	subir de precio	neage
ねぎ	cebollín	negi
ねこ	gato	neko
ねじ	tornillo	neji
ねずみ	ratón	nezumi

の

| ノートパソコン | computadora portatíl | no–to pasokon |
| のみもの | bebida | nomimono |

は

は	diente, dientes	ha
パーティー	fiesta	pa–ti–
はい	sí	hai
はいいろ	gris	haiiro
はいゆう	actor	haiyuu
はえ	mosca	hae
ばくはつ	explosíon	bakuhatsu
はこぶ	cargar una cosa	hakobu
はし	palillos	hashi
バス	autobús	basu
バスケットボール	baloncesto	basuketto booru
パソコン	PC (computadora)	pasokon
はた	bandera	hata
はち	8	hachi
はちがつ	Agosto	hachigatsu
はちじ	ocho, las	hachiji

はちふん	8 minutos	hachifun
はっぴょう	anuncio	happyou
はっぷん	8 minutos	happun
はと	paloma	hato
パトカー	patrulla	patoka–
はな	flores	hana
はな	naríz	hana
バナナ	plátano	banana
ハブラシ	cepillo de dientes	haburashi
ハリソン・フォード	Harrison Ford (actor)	Harison Fo–do
はん	media, hora (:30)	han
パン	pan	pan
パンダ	panda	panda

ひ

ビーフ	res	bi–fu
ひがし	este	higashi
ぴかぴか	brillante	pikapika
ひこうき	avión	hikouki
ピザ	pizza	piza
ひだり	izquierda	hidari
ひつじ	borergo	hitsuji
ひま	tiempo libre	hima
ひらめ	rodaballo	hirame
ピンク	rosa	pinku

ふ

ふうふ	pareja casada	fuufu
フォーク	tenedor	fo–ku
ふく	ropa	fuku
ぶた	cerdo	buta
ぶどう	uvas	budou
ふとん	futón	futon
ふね	barco	fune
ブラッド・ピット	Brad Pitt (actor)	Braddo Pitto
ふるい	viejo	furui
フルーツ	fruta	furu–tsu
プレゼント	regalo, obsequio	purezento
ぶんかのひ	Día de la Cultura	bunkanohi

へ

へいたい	soldado	heitai

ベッド	cama	beddo
へび	serpiente	hebi
ペン	pluma	pen

ほ

ぼく	Yo (solo hombres)	boku
ほし	estrella (en el cielo)	hoshi
ほしい	querer	hoshii
ポテト	Papas fritas	poteto
ポテト	papa	poteto
ほん	libro	hon

ま

まくら	almohada	makura
まぐろ	atún	maguro
まど	ventana	mado
まね	imitación	mane
まる	círculo, cero	maru

み

みかん / オレンジ	naranja (fruta)	mikan / orenji
みぎ	derecha	migi
みず	agua	mizu
みずいろ	azul claro	mizuiro
みずを のむ	tomar agua	mizuwo nomu
みそしる	sopa de miso	misoshiru
みどり	verde	midori
みなみ	sur	minami
みみ	oído, oreja	mimi
ミルク	leche	miruku

む

むずかしい	difícil	muzukashii
むね	pecho	mune
むらさき	morado	murasaki

め

め	ojo	me
めいし	tarjeta de negocios	meishi
めがね	lentes	megane

めじるし	marca, punto de referencia	mejirushi
めずらしい	raro (adj.)	mezurashii
めだつ	resaltar, destacar	medatsu
メニュー	menú	menyu–

も

もうふ	cobija	moufu
もくじ	contenido	mokuji
もくようび	Jueves	mokuyoubi
もしもし	¿bueno? (en el teléfono)	moshimoshi
もちろん	por supuesto	mochiron
もも	durazno	momo

や

やさい	verdura	yasai
やすみ	día de descanso, descanso	yasumi
やね	techo	yane

ゆ

| ゆうえんち | parque de diversiones | yuuenchi |
| ゆび | dedo | yubi |

よ

ようちえん	kinder, jardín de niños	youchien
よじ	cuatro, las	yoji
よしお	nombre de niño	Yoshio
よん	4	yon
よんじゅうごふん	45 minutos	yonjuugofun
よんじゅっぷん	40 minutos	yonjuppun
よんぷん	4 minutos	yonpun

ら

ライオン	león	raion
らいげつ	siguiente mes	raigetsu
らいしゅう	siguiente semana	raishuu
らいねん	siguiente año	rainen
らくがき	grafiti	rakugaki
ラスベガス	Las Vegas	rasu begasu
らんぼう	violencia	ranbou

り

りゆう	razón	riyuu
りょこう	viajar	ryokou
りんご	manzana	ringo

れ

れい	zero, 0	rei
れいぞうこ	refrigerador	reizouko
レストラン	restaurante	resutoran
レタス	lechuga	retasu
レモン	limón	remon
れんらく	contacto	renraku

ろ

ろうか	pasillo	rouka
ろうじん	persona vieja, anciano	roujin
ろく	6	roku
ろくがつ	Junio	rokugatsu
ろくじ	seis, las	rokuji
ろくじゅっぷん	60 minutos	rokujuppun
ロサンゼルス	Los Ángeles	rosanzerusu
ろっぷん	6 minutos	roppun
ロブスター	langosta	robusuta–

わ

わかる	entender, saber	wakaru
わすれもの	cosa olvidada	wasuremono
わたし	Yo (masculino o femenino)	watashi

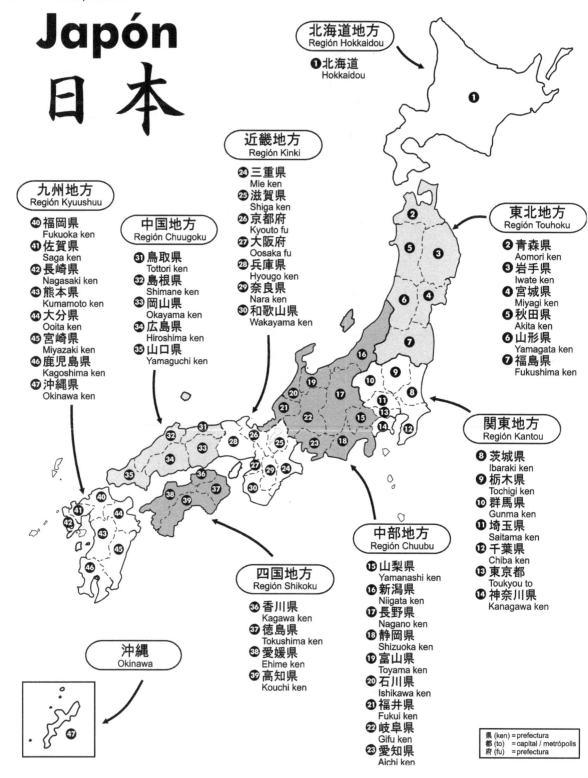

Japón
日本

北海道地方
Región Hokkaidou
❶ 北海道
Hokkaidou

東北地方
Región Touhoku
❷ 青森県
Aomori ken
❸ 岩手県
Iwate ken
❹ 宮城県
Miyagi ken
❺ 秋田県
Akita ken
❻ 山形県
Yamagata ken
❼ 福島県
Fukushima ken

近畿地方
Región Kinki
㉔ 三重県
Mie ken
㉕ 滋賀県
Shiga ken
㉖ 京都府
Kyouto fu
㉗ 大阪府
Oosaka fu
㉘ 兵庫県
Hyougo ken
㉙ 奈良県
Nara ken
㉚ 和歌山県
Wakayama ken

九州地方
Región Kyuushuu
㊵ 福岡県
Fukuoka ken
㊶ 佐賀県
Saga ken
㊷ 長崎県
Nagasaki ken
㊸ 熊本県
Kumamoto ken
㊹ 大分県
Ooita ken
㊺ 宮崎県
Miyazaki ken
㊻ 鹿児島県
Kagoshima ken
㊼ 沖縄県
Okinawa ken

中国地方
Región Chuugoku
㉛ 鳥取県
Tottori ken
㉜ 島根県
Shimane ken
㉝ 岡山県
Okayama ken
㉞ 広島県
Hiroshima ken
㉟ 山口県
Yamaguchi ken

関東地方
Región Kantou
❽ 茨城県
Ibaraki ken
❾ 栃木県
Tochigi ken
❿ 群馬県
Gunma ken
⓫ 埼玉県
Saitama ken
⓬ 千葉県
Chiba ken
⓭ 東京都
Toukyou to
⓮ 神奈川県
Kanagawa ken

中部地方
Región Chuubu
⓯ 山梨県
Yamanashi ken
⓰ 新潟県
Niigata ken
⓱ 長野県
Nagano ken
⓲ 静岡県
Shizuoka ken
⓳ 富山県
Toyama ken
⓴ 石川県
Ishikawa ken
㉑ 福井県
Fukui ken
㉒ 岐阜県
Gifu ken
㉓ 愛知県
Aichi ken

四国地方
Región Shikoku
㊱ 香川県
Kagawa ken
㊲ 徳島県
Tokushima ken
㊳ 愛媛県
Ehime ken
㊴ 高知県
Kouchi ken

沖縄
Okinawa

県 (ken) = prefectura
都 (to) = capital / metrópolis
府 (fu) = prefectura

YesJapan ¡Aprende Japonés Hoy! — Tabla de Hiragana

あ a	い i	う u	え e	お o
か ka	き ki	く ku	け ke	こ ko
が ga	ぎ gi	ぐ gu	げ ge	ご go
さ sa	し shi	す su	せ se	そ so
ざ za	じ ji	ず zu	ぜ ze	ぞ zo
た ta	ち chi	つ tsu	て te	と to
だ da	ぢ ji	づ zu	で de	ど do
な na	に ni	ぬ nu	ね ne	の no
は ha	ひ hi	ふ fu	へ he	ほ ho
ば ba	び bi	ぶ bu	べ be	ぼ bo
ぱ pa	ぴ pi	ぷ pu	ぺ pe	ぽ po
ま ma	み mi	む mu	め me	も mo
や ya		ゆ yu		よ yo
ら ra	り ri	る ru	れ re	ろ ro
わ wa		を wo		ん n

きゃ kya	きゅ kyu	きょ kyo
ぎゃ gya	ぎゅ gyu	ぎょ gyo
しゃ sha	しゅ shu	しょ sho
じゃ ja	じゅ ju	じょ jo
ちゃ cha	ちゅ chu	ちょ cho
にゃ nya	にゅ nyu	にょ nyo
ひゃ hya	ひゅ hyu	ひょ hyo
びゃ bya	びゅ byu	びょ byo
ぴゃ pya	ぴゅ pyu	ぴょ pyo
みゃ mya	みゅ myu	みょ myo
りゃ rya	りゅ ryu	りょ ryo

YesJapan.com

CPSIA information can be obtained
at www.ICGtesting.com
Printed in the USA
BVHW090411260620
582141BV00002B/94